PETER MÜLLER

Meinem Leben Richtung geben

Pilgern im Alltag

Vier-Türme-Verlag

Inhalt

Einladung – am Ende neu beginnen 9

Meinem Leben Richtung geben 13
   Im »Café der Lebensfragen« 14
   Das Leben ist ein Pilgerweg 18
   Mein Weg hat ein Ziel 23
   Praktische Tipps 25

**Nimm dein Leben in die Hand –
Impulse für ein Pilgern im Alltag** 29

1. Advents- und Weihnachtszeit 31
   Brachzeit – heilende Kräfte sammeln 32
   Johannes provoziert – ändert euer Denken! 33
   Advent – wach auf! 35
   Warten im Advent – Kundendienst für die Seele 36
   Advent – den Träumer und Detektiv wecken 38
   Weihnachten – einen Neuanfang wagen 39
   Mach's wie Gott, werde Mensch! 41
   Engelsbotschaften für uns? 42

2. Jahreswechsel – Altes lassen, Neues beginnen 45
   Kostbarkeiten des Lebens entdecken 46
   Die Weichen neu stellen 47
   Die Botschaft der Weisen 49
   Achte auf Gedanken und Vorsätze 52
   Gelassenheit im Alltag 53
   »Binde deinen Karren an einen Stern!« 55

3. Fastenzeit und Osterzeit 57

Alles hat seine Zeit – Fastnacht und Fastenzeit 58
Versuchungen widerstehen 60
Wege zur inneren Erneuerung 61
Verzicht gibt – auf meine Worte achten 63
Mit sich in Einklang kommen 65
Entrümpeln tut gut 66
Bremsen und einen Gang herunterschalten 68
Den Stein ins Rollen bringen 70
Die beste Predigt – ein österlicher Mensch 71
Mitten im Leben immer wieder aufstehen 72

4. Pfingsten – »… und jeder hörte sie in seiner Sprache reden« 75

Sieben Gaben zur Kunst des Lebens 76
Weisheit – die Realität schmecken und unterscheiden lernen 77
Einsicht – hinter die Fassade schauen 79
Rat und Klugheit – der Stimme des Gewissens trauen 80
Erkenntnis und Selbsterkenntnis 81
Stärke – einfühlsam und standhaft 83
Spiritualität – geht in euer Herz und lebt den Alltag! 84
Gottesfurcht – Gott ist ganz anders 85

5. Als Sinnsucher unterwegs 87

Sehnsucht nach gelingendem Leben 88
Das Tempo herausnehmen 89
Pilger sein 92
Einmalig sein, als Original leben 93
Glauben – stell dich auf deine Füße! 95
Achtsam gehen 96
Zeit – nehmen, haben, gestalten 98
Gehen, teilen, glauben 99
Innere Zerrissenheit überwinden 101
Schalom – Friede sei mit dir! 103

6. Energiequellen achtsam nutzen 105

Auszeit! 106
Rhythmen des Lebens 107
Pilgern als Energiequelle 109
Das Geheimnis des Atems 110
Heilige Orte 112
Begegnungen als Kraftquelle 114
Gute Gedanken für ein glückliches Leben 116
Wurzeln spüren 117
Dankbar leben 118
Lachen ist die beste Medizin 120
In schwierigen Situationen einen Sinn finden 121

7. Spuren Gottes wahrnehmen 123

Gott suchen im Alltag 124
Gott wahrnehmen in der Schöpfung 125
Gott in uns 127
Spuren Gottes entdecken 129
Über die Menschen zu Gott – Jesus der Arzt 131
Der Name Gottes ist Barmherzigkeit 133
Wegkreuzungen und Kreuze 134
Erzähl mir von Gott 136
Wozu bin ich auf Erden? 137

Quellenverzeichnis 140
Literatur: Spirituelle Wegbegleiter 141
Hinweis zur Entstehung der Texte 142

Einladung – am Ende neu beginnen

Immer mehr Menschen pilgern nach Assisi, Rom und vor allem nach Santiago de Compostela. Doch am Ziel angekommen, am Ende ihres Unterwegsseins fragen zunehmend mehr Pilger und Pilgerinnen: Und was nun? Was mache ich mit all meinen Erlebnissen, Erfahrungen und Erkenntnissen? Kann ich damit im Alltag leben? Das beschäftigt jedoch nicht nur Pilger nach ihrer Ankunft am Ziel oder spätestens während ihrer Heimreise. Diese Frage stellen wir uns immer wieder in unserem Leben, gerade wenn zum Beispiel ein Lebensabschnitt, das alte Jahr, eine Krisenzeit, eine schwere Krankheit oder die Kur nach einem Burnout zu Ende gehen. Um diese Fragen geht es auch im vorliegenden Buch.

»Am Ende neu beginnen« – so die ungewohnte Einladung, die uns zunächst herausfordert zu fragen: Was heißt das – »am Ende«?

»Am Ende« – das könnte zunächst meinen: Ich war als Pilger unterwegs und bin am Ziel, am Ende meines Weges angekommen. Da überwiegen Freude, Stolz und Zufriedenheit, doch gleichzeitig spüre ich eine gewisse Traurigkeit. Ich habe mich unterwegs verändert, doch der Abschied vom täglichen Pilgerrhythmus und den Mitpilgern rückt näher und meine Gedanken kreisen zunehmend um zu Hause. Fragen drängen sich in den Vordergrund: Was bewahre ich als Schatz in meinem Herzen? Was will ich jetzt in meinem Alltag verändern? Wie wird mein Umfeld auf mich reagieren? Aus welchen

Quellen möchte ich weiterhin Energie schöpfen, damit mein Leben gelingt?

»Am Ende« – das könnte auch heißen: Ich bin am Ende! Diese Aussage wird oft als persönliche Zustandsbeschreibung verwendet. Ich will damit sagen, wie ich mich körperlich, geistig und seelisch fühle: ausgebrannt, schlapp, müde, antriebslos, gehetzt, orientierungslos. Ich kann mich nicht konzentrieren, hänge herum, sehe keinen Sinn ... Für viele Menschen hat das gravierende Folgen: Manche fallen krankheitsbedingt beruflich länger aus, manche brauchen aber auch einen wirklichen Schnitt in ihrem Leben, also einen Berufswechsel, das Ende einer Beziehung oder eine Änderung in ihrer Lebenssituation, um aus diesem Zustand wieder herauszufinden. Den einen wird eine intensive Kur verordnet und andere – das sind viel mehr, als wir denken – erkennen frühzeitig: Ich brauche eine längere Auszeit. Viele überlegen sich dann, dies in Form eines Pilgerweges zu tun. Sie beginnen dann, durch einen Ortswechsel achtsam für sich zu sorgen und ihr Leben neu zu ordnen. Andere scheuen solch einen klaren Schnitt, sie halten stattdessen inne und nutzen z.B. die Fastenzeit oder eine Fastenerfahrungswoche zu einem spirituellen Neuanfang für Leib und Seele.

»Am Ende« – das erinnert mich auch daran, dass viele Menschen gerne pilgern würden, es aber aufgrund einer Krankheit, aus Zeitmangel oder anderen Gründen nicht tun können. In ihnen lebt die Sehnsucht des Pilgers, doch sie haben ihren Wunsch aufgegeben und die bewusste Entscheidung getroffen, nicht zu pilgern. Sie kennen ihre Gründe und akzeptieren sie. Doch ihre Sehnsucht darf weiterleben, indem sie aufbrechen zu einem inneren Pilgerweg, z. B. durch die Lektüre eines Erfahrungsberichtes oder eines spirituellen Wegbegleiters.

»Am Ende« – sei es am Ende einer Kur oder Auszeit, einer Krise oder eines Lebensabschnitts, einer Pilgerwanderung oder einer bewussten Entscheidung, immer gilt: Das Leben geht weiter. Es fordert uns heraus, am Ende einer schwierigen und erfahrungsreichen Lebensphase neu zu beginnen, unser Leben zu ordnen und ihm Sinn zuzusprechen.

Dazu möchten die Impulse in diesem Buch spirituelle Denk- und Handlungsanstöße anbieten. Der erste Teil, »Meinem Leben Richtung geben«, führt in die Grundlinie dieses Buches ein: Unser ganzes Leben ist ein Pilgerweg, und wir sind für dessen Gestaltung verantwortlich. Der zweite Teil, das Herzstück des Buches, fordert uns auf: »Nimm dein Leben in die Hand!« und lädt mit über 60 spirituellen Impulsen dazu ein, sich im alltäglichen Leben auf einen inneren Pilgerweg zu begeben. Aus welchem Anlass, aus welchen Gründen und in welchem Rhythmus auch immer, das entscheidet der Leser, der sich die Impulse auswählt, sie liest, darüber nachsinnt oder meditiert. Alle Impulse verbindet das gemeinsame Anliegen im Alltag, den inneren Pilger in uns zu wecken, innezuhalten, dem eigenen Glauben Weite zu geben und sein Leben neu auszurichten. Die Impulse sind in sieben Themenbereichen zu finden. Die ersten vier orientieren sich an den großen Festkreisen des christlichen Kirchenjahres: Advents- und Weihnachtszeit, Jahreswechsel, Fastenzeit und Ostern sowie Pfingsten. Die übrigen drei Bereiche laden dazu ein, als Sinnsucher unterwegs zu sein, Energiequellen zu nutzen und Spuren Gottes im Alltag wahrzunehmen.

Wir sind unterwegs herausgefordert, immer wieder neu den Pilger in uns mit spiritueller Nahrung zu stärken. Brechen wir auf in einen uns noch fremden Abschnitt auf dem inneren Pilgerweg unseres Lebens! Denn der eigentliche Pilgerweg ist der Alltag. Doch wir sollten uns immer daran erinnern: »Was das Leben uns bringt, hängt auch davon ab, was wir ins Leben einbringen« (Roland Breitenbach).

PETER MÜLLER
August 2016

Meinem Leben Richtung geben

*Unter allen Wegen,
die du im Leben einschlagen kannst,
befindet sich einer,
der bedeutsamer ist als alle anderen.
Dies ist der Pfad, der dich verändert
und zu einem wahren Menschenwesen macht.*
THOMAS BLAKE

Im »Café der Lebensfragen«

Sicher kennen Sie das auch: eine überraschende Begegnung, die Sie emotional aufwühlt, eine Situation, die sich meist erst im Rückblick als Anstoß zu einer Veränderung und der Beginn eines neuen Weges in Ihrem Leben erweist. Als Sie sich in der Situation befanden, hatten Sie deren Bedeutung zunächst nicht erkannt, doch jetzt, nach Wochen, Monaten oder gar Jahren, fühlen Sie sich ganz anders als damals. Sie erleben sich wie verwandelt und Sie fragen sich vielleicht: Wie oder wann hat das eigentlich begonnen?

Dazu erzählte mir der Werbemanager Erich: »Als in meinem Freundeskreis bekannt wurde, dass ich pilgern wollte, wurde ich mehrmals gefragt: Warum tust du das? Ich konnte diese Frage nicht beantworten. Ich wandere gerne, doch es gab keinen konkreten Anlass zum Pilgern, keine Lebenskrise, keine religiöse Motivation und kein großes Interesse an der Kunst, es gab in mir nur den einfachen Wunsch: Ich möchte diesen Weg, von dem ich so viel gehört habe, kennenlernen. Manchmal dachte ich: Was andere können, kann ich auch. Mit diesen Gedanken stieg ich in den Zug, um zum Ausgangsort meiner Pilgerwanderung, Saint-Jean-Pied-de-Port, einem kleinen Grenzort in den Pyrenäen, zu fahren. Nach etwa fünf Stunden blieb der Zug mitten im Elsass auf dem Bahnhof eines kleinen Ortes stehen. Eine Durchsage informierte die Reisenden, dass eine Weiterfahrt wegen eines Unfalls an einem Bahnübergang erst in 2 bis 3 Stunden möglich sei. Damit konnte ich meinen Anschlusszug in Paris nicht mehr erreichen. Was tun?

Nachdem ich mich beim Zugpersonal über mögliche andere Anschlüsse informiert hatte, schlenderte ich durch den kleinen Ort und landete schließlich in einem netten Café. Ich wurde freundlich bedient, die Gäste unterhielten sich an kleinen Tischen. Da entdeckte ich auf der Rückseite der Imbisskarte den fettgedruckten Hinweis: ›Herzlich willkommen im Café der Lebensfragen. Nutze deine Wartezeit! Wir laden dich ein, über dich und dein Leben nachzudenken.‹ Zunächst war ich überrascht und dachte: Was soll das?, doch dann weckten zwei Fragen, die dort abgedruckt waren, mein Interesse: ›Wozu lebst du? Führst du ein erfülltes Leben?‹. Ich sprach die Bedienung darauf an und kam mit ihr und anschließend auch mit dem Wirt und anderen Gästen darüber ins Gespräch. Dabei musste ich gestehen, dass ich mir bisher über diese und ähnliche Fragen überhaupt keine Gedanken gemacht hatte. Nachdenklich und innerlich aufgewühlt verließ ich das ›Café der Lebensfragen‹. Die Fragen ließen mich während der Weiterfahrt nicht mehr los, sie begleiteten auch mein Pilgern. Der Same der Sehnsucht nach einem erfüllten Leben keimte in mir und ich ahnte, wozu ich als Pilger unterwegs war. Doch erst nach meiner Rückkehr, als ich versuchte, die eine oder andere Erfahrung in den Alltag umzusetzen, erkannte ich: Der eigentliche Pilgerweg ist der Alltag des Lebens.«

Die Geschichte zeigt: Die Fragen nach dem Sinn unseres Daseins brechen nicht nur in schwierigen Lebenssituationen oder in Wendezeiten des Lebens auf, sie begegnen uns meist unerwartet im ganz »normalen« Leben. Das kann das Gespräch mit einem faszinierenden Menschen sein, ein Film, eine Geschichte, eine Reise, die uns emotional tief beeindrucken. Es kann eine Begegnung sein, in der unsere nicht verwirklichten Sehnsüchte oder unentdeckten Wünsche aufbrechen oder die uns aus dem Gleichgewicht bringt und Fragen aufwirft, auf die wir keine Antwort haben. Das alles sind keine Zufälle, sondern Signale unserer Seele. Manchmal laut, manchmal sehr vage, oft sehr leise und im lärmenden Alltag leicht zu überhören. Es liegt an uns, sie wahrzunehmen, ihre Botschaft zu erspüren und unser Leben in die Hand zu nehmen, z.B. indem wir mit den Fragen beginnen, wie sie den Gästen im »Café der Lebensfragen« gestellt werden.

»Wozu lebst du?« war die erste Frage. Es geht damit um den Sinn meines Lebens. Was gibt mir Halt? Welche sinnvolle Aufgabe könnte in der konkreten Situation, in der ich gerade bin, enthalten sein? Was könnte Gott gerade jetzt von mir erwarten? Sinn liegt nicht auf der Straße, Sinn finde ich nur, wenn ich anfange, wenn ich z.B. wie die drei Weisen aus dem Morgenland aufbreche und dem Stern folge, nach Sinn suche, z.B. in meiner Lebensgeschichte, in Beziehungen, in Freud und Leid, in der Begeisterung für eine Aufgabe. Wichtig ist dabei, dass ich mir Zeit nehme für mich, geduldig frage: Wozu lebe ich? Welche Werte sind mir wichtig? Was kann ich dazu beitragen, diese Welt etwas menschlicher zu gestalten?

Die zweite Frage, »Führst du ein erfülltes Leben?«, meint: Freue ich mich am Morgen auf den Tag? Bin ich dankbar für neue Erfahrungen, für meine Arbeit und Fähigkeiten, die ich entfalten darf, für Menschen, denen ich begegne und die mir Halt und Energie schenken? Nehme ich mir Zeit, für mich still zu werden, zu lesen, zu beten?

Das »Café der Lebensfragen« hat viele Filialen, und überall treffe ich auf die dort aufgeworfenen Fragen: am Arbeitsplatz, bei Kollegen, in der Partnerschaft, der Familie, der Nachbarschaft, in der Kirchengemeinde, in Bezug auf Gott, die Gesundheit und Krankheit, in der Trauer, im Ehrenamt, im Alleinsein, beim Älterwerden, in Bezug auf Heimat, Freizeit, Natur und Politik und vielem anderen. Wir können solchen Lebensfragen nicht ständig ausweichen, sie fordern uns heraus, das Wesentliche unseres Lebens in den Blick zu nehmen und nach Antworten zu suchen. Täglich eröffnen sich Chancen, neu zu beginnen und unserem Leben Sinn zu geben, damit es ein erfülltes Leben wird. Wir müssen diese Chancen nur wahrnehmen und ergreifen.

Fragen nach dem Sinn des Lebens sind ein Weckruf unserer Sehnsucht, denn »alles beginnt mit der Sehnsucht, immer ist in unserem Herzen ein Raum für Schöneres, für Größeres« (Nelly Sachs). Veränderung und Verwandlung ist das Grundprinzip des Lebens – eben war unsere kleine Welt noch in Ordnung, jetzt ist plötzlich vieles anders. Unser Leben ist ein Weg und ständig im Wandel begriffen. Oder, wie es in einem alten Lied heißt: »Das Leben ist ein Spiel, und wer es recht zu spielen weiß, gelangt ans große Ziel.«

Das Leben ist ein Pilgerweg

Ein Mann aus den USA wollte einen berühmten Rabbi in Europa besuchen. Doch wie enttäuscht war er, als er in die kleine Mietwohnung des Rabbis eingelassen wurde. Als Mobiliar waren einzig ein Bett, ein Stuhl und einige Bücher zu sehen. Er hatte viel mehr erwartet. »Aber Rabbi, wo sind denn Ihre Sachen?«, fragte er erstaunt. »Wo sind denn die Ihren?«, fragte der Rabbi zurück. »Ich bin doch nur auf der Durchreise«, antwortete der Mann. »Ich auch«, entgegnete der Rabbi schmunzelnd.

Unser Leben ist ein Weg, und wir sind in dieser Welt nur auf der Durchreise. Diese Erkenntnis lebten die christlichen Mönche des 4./5. Jahrhunderts auf unterschiedliche Weise: die einen asketisch, geistlich und als

Eremiten in der Wüste. Andere zogen als Wandermönche von Ort zu Ort und lebten nach dem Vorbild bzw. nach den Worten Jesu: »Die Füchse haben ihre Höhlen und die Vögel ihre Nester; der Menschensohn aber hat keinen Ort, wo er sein Haupt niederlegen kann« (Lk 9,58). Sie verstanden sich als Pilger auf dem Weg zu Gott und wollten dies in ihrem Leben hier schon einüben. In diesem Sinne können wir unser Pilgern auf Jakobus- oder anderen Pilgerwegen als eine Einübungszeit in unsere Pilgerreise des Alltags verstehen. Ob wir einen Tag, eine oder mehrere Wochen pilgern, ob wir einen Berg hinaufgehen oder einen See umrunden – immer sammeln wir unterwegs Erfahrungen wie zum Beispiel: den Alltag loszulassen und uns auf die Begegnungen mit anderen Menschen, mit der Natur, mit uns selbst und mit Gott einzulassen.

Der Weg ist ein uraltes Symbol für das menschliche Leben, das wir in vielen Religionen finden. Soweit sie sich auf einen Stifter berufen, erweist sich dieser meist als der Lehrer des rechten Weges. Buddha zum Beispiel lehrt den »achtfachen Weg« und Jesus von Nazaret sagte von sich: »Ich bin der Weg« (Joh 14,6). Der Weg als Metapher für unser Leben umfasst alles, was uns bewegt und bedrängt, wer uns begegnet und was uns geschieht, was wir erkunden und erleiden, anstreben und erreichen, festhalten und loslassen, zulassen und verändern. Das Leben als Weg zu betrachten beruht im Wesentlichen auf Erfahrungen, die wir unterwegs sammeln. Dazu gehören die prägenden körperlichen, geistigen und seelischen Erfahrungen des Aufbrechens, des Unterwegsseins, der Irr- und Umwege, der Begegnungen, der Veränderung, des Gehens auf ein Ziel hin, des Ankommens und der Rückkehr.

Das Wort »Weg« ist sprachlich mit dem Wort »Sinn« verwandt. Sich zu etwas auf den Weg machen heißt: auf etwas sinnen, seinen Sinn er-gehen, ihn Schritt für Schritt erfahren wollen. Die Weg-Metapher für unser Leben lädt uns als suchende Menschen ein, uns aus erstarrtem Denken und Verhalten herauszuwagen, uns bewegen zu lassen von der Sehnsucht nach dem Sinn unseres Daseins.

Viele Pilgerwege sind mittlerweile zu asphaltierten Wegen bzw. Straßen geworden, an denen man unzählige Wegweiser, Ge- und Verbotsschilder, Grenzmarkierungen und Leitplanken findet. Wir erleben dort Verkehr, Geschwindigkeit, Gefahr, Stress, Egoismus. Asphaltierte Wege verdecken Leben oder lassen es nur an aufgebrochenen Stellen und am Rande zu, dass ein Same die kleine Chance nutzt, um sich zur Blume zu entfalten. Sie schränken ein, charakterisieren den »Zug nach vorn« und das zunehmende Tempo unseres Alltags. Ist der asphaltierte Weg deshalb nicht auch ein Abbild unseres Lebens? Jedenfalls macht er uns darauf aufmerksam, die Art und Weise unseres Zusammenlebens neu zu bedenken und wahres Leben nicht nur an Bruchstellen, am Rand oder in Hektik zuzulassen.

Das Leben als Weg – dieses Bild beschreibt Lebenswirklichkeit, nennt Lebenserfahrungen und deutet Lebenssituationen. Die Metapher ermahnt uns auch, auf der Hut zu sein, damit das wirkliche Leben in Beruf, Partnerschaft, Familie und Freizeit nicht an uns vorüberzieht, uns nicht überrollt und wir mit Leib und Seele auf der Strecke bleiben. Es mahnt uns, uns nicht zu viel aufzuladen, unsinnige Lasten abzuwerfen, aufmerksam und offen mit allen Sinnen zu sein und nach unserer Mitte zu suchen.

Dem Wegsymbol begegnen wir ebenfalls in den Schriften des Alten und Neuen Testamentes. Das Volk Israel lebte aus der Erfahrung, dass Jahwe, ihr Gott, ein Gott des Weges ist. Der Stammvater Abraham z.B. vertraut auf die Zusage Gottes und zieht weg aus seinem Vaterland. Während seines Unterwegsseins sammelt er vielfältige Erfahrungen mit seinem Wegbegleiter Jahwe, die ihn und seine Beziehungen zu Gott verwandeln. Was da von einem Einzelnen erzählt wird, erlebt Israel im Auszug aus Ägypten und im vierzigjährigen Unterwegssein durch die Wüste als ganzes Volk: Jahwe ist der Befreier aus Knechtschaft und begleitender Weggefährte. Wegerfahrung und Gotteserfahrung verbinden sich im Glauben, dass Gott nur unterwegs erfahrbar ist. Jede Gotteserfahrung bringt Bewegung, löst Fesseln, führt in die Freiheit und verwandelt.

So finden wir auch im Neuen Testament zahlreiche Wegerzählungen: Josef und Maria gehen nach Bethlehem, um sich in die Zähllisten eintragen zu lassen; sie flüchten nach Ägypten und später ziehen sie mit dem zwölfjährigen Jesus nach Jerusalem. Auch das öffentliche Wirken Jesu war ein Leben unterwegs: »Heute und morgen und am folgenden Tag muss ich weiter wandern« (Lk 13,33). Er war auf dem Weg, um den Menschen zu verkünden und sie erleben zu lassen: Gottes Name ist Barmherzigkeit. Er ist mit und bei euch. Diese Weggeschichten sind keine Randerzählungen. Mitten aus dem Leben erzählen sie vom äußeren und inneren Unterwegssein der Menschen, vom Sinn und der Mitte ihres Daseins. Sie sprechen in Bildern, wie Menschen in Begegnungen mit Jesus Befreiung erfahren und sich verändern. Das bekannteste biblische Beispiel, an dem wir dieses äußere und innere Unterwegssein erkennen können, ist die Emmauserzählung (Lk 24,13–25; vgl. dazu den Impuls Seite 99f).

Diese biblischen Erfahrungen führten dazu, dass die frühen Christen sich zunächst nicht als Christen, sondern als »Anhänger des (neuen) Weges« (Apg 9,2) bezeichneten. »Der neue Weg« – das war ihr Glaube und die Art und Weise, wie sie ihn in ihren ersten Gemeinschaften lebten. Sie sagten: Unsere Erfahrungen kann man nur verstehen, wenn man sich auf einen Weg begibt, sich ihm anvertraut und eigene Erfahrungen sammelt in der Gewissheit: »Du bist auf diesem Weg nicht allein, viele gehen ihn mit dir. Es geht dir einer voraus: Jesus Christus. ... das Kennzeichen am Christusglaube ist nicht, dass er ein Glaube, sondern ein Weg ist. Du kannst ihn nicht lernen und auswendig hersagen, du musst ihn gehen. Du selbst« (Jörg Zink).

Mein Weg hat ein Ziel

»Der Weg ist das Ziel!« – dieser Slogan wird heute bei verschiedensten Gelegenheiten verwendet. Doch stimmt diese Deutung? Erfasst sie den Sinn der Aussage? Was meint dieser Satz wirklich? Der Spruch wird Konfuzius (551–479 v. Chr.) zugesprochen und meint eigentlich: Richte deine Aufmerksamkeit auf das »Tao«, das heißt zunächst »Weg«, aber bedeutet auch »wahres Leben, weise Lebenskunst, höchste Wahrheit«. Es geht also vor allem um die Art und Weise, wie wir leben, um die Kunst des Lebens. Um diese weitreichendere Deutung dieses Slogans geht es auf Pilgerwegen und vor allem auf unserem Lebensweg vom ersten bis zum letzten Atemzug. Dabei lohnt es sich unterwegs ab und zu innezuhalten und zu fragen: Wozu lebe ich? Worauf setze ich meine Hoffnung? Was will ich dafür tun?

Wer aufbricht, um zu pilgern, tut dies, weil ihn zunächst ein äußeres Ziel motiviert. Das kann sehr unterschiedlich ausfallen: die Natur, Kultur, Menschen aus verschiedenen Ländern begegnen, Neugierde, Suche nach Sinn im Leben und nach Gott, Abenteuerlust. Das zunächst noch ferne Ziel erhält erst unterwegs seine wirkliche Bedeutung, wenn man sich für einen inneren Pilgerweg öffnet. Die einen erleben die Last des Weges oder, wie eine Pilgerin mit vielen Blasen an den Füßen meinte: »Der Weg hat mich geschafft.« Andere genießen die angenehmen Seiten des Pilgerns, die eine Pilgerin so zusammenfasste: »Wenn ich Glück und Freude bei meiner Ankunft messen könnte, dann gibt es kein Maß dafür.« Die Dritten bekennen: »Ich bin als Wanderer aufgebrochen und als Pilger angekommen.« Und wieder andere sagen: »Der Camino ist wie ein Spiegel. Da schaust du hinein und siehst ganz neue Seiten an dir, du entdeckst dich und dein Inneres ganz neu.«

Damit ist jedoch mein Weg nicht zu Ende, denn der eigentliche Pilgerweg ist der Alltag des Lebens. Hier müssen Wegerfahrungen und Erkenntnisse unter den Wegbedingungen des Alltags gelebt werden und zu einer weisen Lebenskunst wachsen und reifen. Nach christlichem Verständnis führt das zu einem Leben mit Gott. Daher gilt: Nicht der Weg ist das Ziel, vielmehr hat mein Weg ein ganzheitliches Ziel, das mich bewegt, aufzubrechen, meiner inneren Stimme zu trauen und meinen Weg mit allen Sinnen körperlich, geistig und seelisch zu erleben. Das aber heißt, in den Spiegel meines Innersten zu schauen, mich selbst besser kennenzulernen, meine Beziehungen zu anderen Menschen und zu Gott zu prüfen und das für mein Leben Wichtige zu tun. Zeitbegrenztes Unterwegssein auf Pilgerwegen ist dazu eine heilsame Einübung, aber der eigentliche Pilgerweg ist der Alltag. Ihn bewusst als Pilger zu gestalten und so einen inneren Pilgerweg zu gehen, eröffnet Chancen, sich selbst zu erleben, anderen offen zu begegnen, den eigenen Glauben zu stärken und als Mensch dabei zu reifen. Dazu wollen die spirituellen Impulse in diesem Buch anregen.

Praktische Tipps

Auf den folgenden Seiten habe ich über 60 spirituelle Impulse sieben verschiedenen Themenbereichen zugeordnet. Sie laden ein, im Alltag neu zu beginnen und sich für einige Tage, mehrere Wochen oder das ganze Jahr auf einen persönlichen inneren Pilgerweg einzulassen. Dazu einige praktische Tipps:

Anlässe für innere Pilgerwege

- Nach einer längeren Pilgerwanderung, einer Auszeit oder Kur sortiere ich meine Erfahrungen, prüfe sie und frage: Was will ich in meinem Leben ändern?
- Ich will die Advents- und Weihnachtszeit ruhiger gestalten und bewusster erleben.
- Ich entscheide mich freiwillig für eine Fastenwoche oder einen Weg durch die Fasten- und Osterzeit, um Verzicht zu üben und mich an Leib und Seele zu reinigen.
- Ich lese jedes Wochenende einen Impuls, der mich durch die Woche begleitet.
- Ich lese den Impuls »Achtsam gehen« (Seite 96f) und übe wöchentlich an zwei bis drei Tagen (45 Minuten) achtsam zu gehen.
- Monatlicher Pilgertag: Ich gehe auf regionalen Pilger- oder Wanderwegen. Ein bis zwei ausgewählte spirituelle Impulse begleiten mich. Achtsames Gehen (Seite 96f) und die Natur wahrnehmen (Seite 109f, 125f, 129f) sind weitere Aspekte.

Anregungen zum Tagesrhythmus

Tag und Nacht, Hell und Dunkel und andere Rhythmen (vgl. Impuls Seite 107f) bestimmen unser Leben. Wie wir den Morgen eines Tages gestalten, beeinflusst uns, wie wir den Tag erleben: gelassen oder hektisch, zuversichtlich oder sorgenvoll. Gleiches gilt z.B. für eine Atempause während eines Tages und für das Ende des Abends. Anselm Grün meint dazu: »Rituale strukturieren den Tag. Sie erinnern uns immer wieder daran, selbst zu leben, anstatt gelebt zu werden. Und sie bringen uns in Berührung mit uns selbst.«

Den Tag gut beginnen

- Ich stehe still, atme 5 bis 10 Mal tief frische Luft am offenen Fenster, danke für die Nacht, begrüße den neuen Tag und bitte Gott um seinen Segen.
- Ich beginne meinen Tag (10 bis 15 Minuten) mit einer Atem- und Stilleübung (vgl. »Das Geheimnis des Atems«, Seite 110f). Diese Übung mache ich täglich zur gleichen Zeit.
- Nach einer kurzen Stille lese ich einen Impuls und nehme mir Zeit, darüber nachzudenken: Was regt mich an? Welche Aussage, welcher Gedanke soll mich durch den Tag begleiten?

Eine Atempause einlegen

- Nach einer längeren Arbeitsphase, einem schwierigen oder ärgerlichen Gespräch, einer überraschenden Begegnung lege ich eine Atempause ein.
- Ich werde still, gehe einige Schritte, atme 5 bis 10 Mal tief ein und aus, nehme meine Gefühle und Gedanken wahr. Eventuell notiere ich mir das, was mir wichtig ist.
- Dann danke ich für das, was ich daraus lernen kann, und lasse es los.

Den Tag gut beenden

- An einem ruhigen Ort schaue ich auf den Tag zurück, danke für das Gelungene, sehe Schwierigkeiten und Fehler an und frage mich: Was lerne ich daraus?
- Eventuell lese ich den heutigen Impuls noch einmal und schreibe alles Wichtige dieses Tages auf. Mit einem Dank oder Abendgebet beende ich den Tag.

Nimm dein Leben in die Hand – Impulse für ein Pilgern im Alltag

Pilgersegen – Die Kunst der kleinen Schritte

Herr, segne mein Pilgern im Alltag
und lehre mich die Kunst der kleinen Schritte.
Ich bitte dich nicht um Wunder,
aber um ausreichend Kraft für den Alltag.
Schenke mir Fingerspitzengefühl, um herauszufinden,
was wichtig ist in meinem Leben.
Hilf mir, meine Tage so einzuteilen,
dass ich Zeit für mich, für andere und für dich habe.
Hilf mir, das Nächste so gut wie möglich zu tun.
Nicht alles im Leben geht glatt.
Lass mich erkennen:
Probleme und Misserfolge gehören dazu,
aber ich kann daran wachsen und reifen.
Bewahre mich vor der Angst,
ich könnte im Leben etwas versäumen.
Erinnere mich daran,
dass mein Herz oft gegen den Verstand streikt.
Schicke mir im rechten Augenblick jemanden,
der den Mut hat,
mir die Wahrheit offen und in Liebe zu sagen.
Herr, begleite mich
auf meinem Pilgerweg durchs Leben mit deinem Segen
und lehre mich die Kunst der kleinen Schritte.

ANREGUNGEN AUS EINEM GEBET
VON ANTOINE DE SAINT-EXUPÉRY
(GEKÜRZT UND BEARBEITET VOM AUTOR)

1. Advents- und Weihnachtszeit

Gott – so sagen es uns die Kirchenväter – wird im Schweigen geboren. Daher ist es wichtig, dass wir uns in der Adventszeit und an Weihnachten Zeit nehmen für die Stille. Im Schweigen ahnen wir, dass unser innerster Grund ein Raum der Stille ist, in dem Gott in uns geboren wird und unser Leben ganz und gar erneuert.
ANSELM GRÜN

Brachzeit – heilende Kräfte sammeln

Ein farbenprächtiger Herbst geht zu Ende, die restlichen Blätter fallen ab, Sträucher und Bäume ziehen sich nach innen auf ihre Wurzeln zurück, um neue Kräfte zu sammeln. Was bisher sichtbar zum Wachstum und zur Energieversorgung wichtig war, löst sich, fällt ab, verwelkt und vermodert. Nun beginnt für die Wurzeln eine Zeit, die sie brauchen, eine Zeit, in der sie heilende Kräfte aus der Erde ziehen – und wir, was tun wir?

Unser Lebensgefühl ist geprägt von einer Gesellschaft, die uns immer mehr Wünsche nahelegt, Forderungen an uns stellt und möglichst schnell Leistung erwartet. Dieses Gefühl sitzt tief in uns und zeigt sich schon in den voradventlichen Tagen. Der Advent steht erst vor der Tür, und doch werden uns in den letzten Wochen schon überall Dinge präsentiert, die wir unbedingt für unser Glück besitzen oder tun sollten. Wer innehält und ruhig darüber nachdenkt, merkt, dass er das Angepriesene schon hat oder tut und damit zufrieden ist. Braucht er also noch das Neue? Was braucht er in diesen Adventstagen wirklich?

Die Natur zeigt es uns jedes Jahr neu: Wir brauchen wie der Acker eine Brachzeit, eine Ruhezeit, in der wir uns um unsere seelischen Wurzeln bemühen. Der kommende Advent ruft uns zu: Nimm dir Zeit, geh nach innen und sammle heilende Kräfte für die Wurzeln deiner Seele.

 Welche »Wurzeln« will ich in diesem Advent nähren und stärken?

Johannes provoziert – ändert euer Denken!

In der Adventszeit erleben wir es täglich, wie die Kommerzialisierung der vorweihnachtlichen Zeit voranschreitet. Nicht wenige steuern dagegen, doch was kann ich selbst tun?

Es lohnt sich, diesbezüglich die Gestalt von Johannes dem Täufer näher anzuschauen. Er war vor 2000 Jahren wie viele Menschen heute mit der religiös-gesellschaftlichen Situation und dem Verhalten seiner Mitmenschen nicht einverstanden. Über ihn heißt es, er sei der Bote, der Gott den Weg bahne. Er war jedoch mehr als nur der Vorläufer Jesu. Er hat provoziert und sich selbst infrage gestellt.

Provozieren – das heißt wörtlich übersetzt so viel wie herausrufen und herausfordern. Das tat Johannes zunächst durch sein äußeres Erscheinungsbild, denn er kleidetet sich in ein Kamelfell, dann durch seine asketische Lebensweise, weil er sich nur von Honig und Heuschrecken ernährte, und dann vor allem durch seine Predigten, in denen er mit seinen Zuhörern und den Vertretern der jüdischen Religion alles andere als zimperlich umging, indem er sie beispielsweise »Schlangenbrut« nannte. In Scharen zogen die Leute aus den Dörfern zu ihm an den Jordan. Er hatte etwas zu sagen und forderte sie heraus, über sich nachzudenken und umzukehren: »Ändert euer Denken!« Er weckte sie auf und rief sie heraus aus dem Trott ihrer Bequemlichkeit, Selbstzufriedenheit und Abhängigkeit. Er predigte so, dass die religiösen Machtträger in Jerusalem kalte Füße bekamen und ihn fragten: »Wer bist du? Warum taufst du?« Er zerstörte die Sicherheit derer, die sich für fromm hielten, und weckte eine heilsame Unruhe bei denen, die ihr Leben neu ausrichteten wollten.

Johannes verstand sich als Wegbereiter für Jesus, der nach ihm kam: »Alles, was ich tue, ist vorläufig, und was nach mir passiert, ist wichtig.« Eine klare Haltung, doch im Gefängnis des Herodes wird Johannes unsicher, er stellt sich selbst infrage und lässt bei Jesus nachfragen: »Bist du der, der da kommen soll, oder …?« Er erhält die Antwort: »Blinde sehen, Lahme gehen, Aussätzige werden rein, Taube hören …« Das Reich Gottes beginnt jetzt.

Auch bei mir?

Nur wenn ich mich von dieser frohen Botschaft aufwecken und provozieren lasse und mich frage: Bin ich bereit, eine innere Unsicherheit zuzulassen, mein Denken und Handeln infrage zu stellen, nach neuen Antworten zu suchen und mein Leben zu ändern? Johannes fordert uns dazu auf.

Advent – wach auf!

Der Advent trägt viele Namen: die Zeit der Stille, der Erwartung, der Ankunft, aber auch des Aufwachens und der Wachsamkeit. Die alten Kirchenväter deuteten den Alltag der Menschen oft als Schlaf, aus dem sie endlich aufwachen sollten. Das gilt auch heute: Wenn wir Illusionen nachhängen und uns einnebeln lassen von Medien, Werbung und Wahlstrategen, wenn wir gefangen sind in traditionellen Denkweisen und damit in eine unwirkliche Scheinwelt eintauchen, sind wir »eingeschlafen« oder »träumend«.

Anthony de Mello will uns mit einer Erzählung aus dieser Scheinwelt herausholen: Ein Mann klopft an die Zimmertür seines Sohnes und ruft: »Jim, wach auf!« Jim ruft zurück: »Ich mag nicht aufstehen, Papa.« Darauf der Vater noch lauter: »Steh auf, du musst zur Schule!« »Ich will nicht zur Schule gehen.« »Warum denn nicht?«, fragt der Vater. »Aus drei Gründen«, antwortet Jim. »Erstens ist es so langweilig, zweitens ärgern mich die Kinder und drittens kann ich die Schule nicht ausstehen.« Der Vater erwidert: »Dann sage ich dir drei Gründe, wieso du in die Schule musst: Erstens ist es deine Pflicht, zweitens bist du 45 Jahre alt und drittens bist du der Klassenlehrer.«

Advent – wach auf! Steh auf! Erkenne, was dir wirklich wichtig ist, und übernimm Verantwortung für dich!

 Für wen oder was will ich im Advent bewusst Verantwortung übernehmen? Für mich, für andere, für ein besonderes Anliegen, für meine Beziehung zu Gott?

Warten im Advent – Kundendienst für die Seele

»Bitte warten sie, bitte warten sie« – so tönt es uns oft am Telefon entgegen. Können wir hier oder in anderen Situationen noch warten? Verschwenden wir damit nicht kostbare Zeit? Wir haben oft das Warten verlernt, weil wir gewohnt sind, alles sofort haben oder erledigen zu können. Warten – oft wächst unsere Ungeduld, steigt die Spannung, dass wir es fast nicht mehr aushalten können.

Gegen diese negativen Erfahrungen des Wartens setzt der Advent das »Warten in Gelassenheit«. Er fordert uns heraus, in dieser Zeit vor Weihnachten die Haltung des Wartens wieder einzuüben. Was könnte das heißen?

Das Wort »warten« meint ursprünglich »auf der Warte wohnen«. Die Warte ist der Ort in einer Burg oder am Meer, an dem ich Ausschau halte, ob jemand sich nähert und was auf mich zukommt. Warten bedeutet auch, auf etwas aufzupassen wie ein Wächter, auf etwas achtzugeben, es zu pflegen. Letzteres meinen wir vor allem, wenn wir zum Beispiel unser Auto vom Kundendienst »warten« lassen. Beim Auto scheint uns das selbstverständlich zu sein, doch »warte« ich auch regelmäßig mein Leben, meine Seele?

Genau das aber meint der Advent. Er lädt mich ein zu einem »Kundendienst für die Seele«, z.B. den Motor täglich für einige Minuten abzustellen, alles stehen und liegen zu lassen, einfach wahrzunehmen, wie es mir körperlich, geistig und seelisch geht und dabei zu spüren, was mich innerlich und äußerlich antreibt. Wer sich solch stillen Zeiten bewusst aussetzt, sie in Ruhe aushält und ein aktives Warten praktiziert, wird das als sehr wohltuend erleben.

Dieses Warten lässt die Seele aufatmen, weitet den Blick für das, was auf mich zukommt, und lässt mich achtsam werden für den Augenblick. Es unterstützt mich, Dinge und Menschen neu wahrzunehmen, die Zwischentöne zu hören und zu erkennen, was für mich wesentlich ist.

Im Theaterstück »Warten auf Godot« beschreibt Samuel Beckett zwei Männer, die auf einen dritten warten. Dieses Warten berührt und verändert sie innerlich. Advent ist ein erinnerndes und aktives »Warten auf Gott«. Wir sind eingeladen, uns berühren zu lassen und uns zu verändern, damit wir erleben: Gott wird in uns Mensch.

Advent – den Träumer und Detektiv wecken

Advent heißt Ankunft. Christen erinnern sich seit über 2000 Jahren an die Ankunft Jesu und feiern: Gott wurde Mensch, hat sich mit den Menschen solidarisiert und auf immer verbunden. Heute sind wir eingeladen und aufgerufen, diese Botschaft unter anderen Lebensbedingungen in uns ankommen zu lassen.

Advent meint: Seid wachsam und erinnert euch an die Zeichen und Verheißungen, die die Ankunft Gottes in dieser Welt ankündigen. Geht wach und geduldig euren Adventsweg und stimmt euch ein auf das Fest der Ankunft Gottes. Dazu zwei Anregungen:

Den Träumer in uns wecken! Finden wir uns nicht ab mit einer Welt, in der Profitdenken, Egoismus, Unwahrheit, Hass und Gewalt vorherrschen. Wir brauchen als Christen Träume, um bewusster und wacher zu leben. So wie der Prophet Jesaja von einem jungen Trieb träumte, der unverhofft aus einem alten Baumstumpf wächst. Damit weckte er bei den Menschen seiner Zeit neue Hoffnung und führte sie aus ihrer Resignation. Oder so wie Jesus, der seine Vision vom Reich Gottes in Gleichnissen und Geschichten offenbarte, damit Menschen wachrüttelte und sie motivierte, ihr Leben zu ändern.

Die Kerzen in der Adventszeit regen uns zum Träumen an. Sie wecken in uns die Sehnsucht nach Wärme und Geborgenheit, nach Friede und Freude. Sie laden uns ein, diese Erfahrungen im Alltag zu leben und anderen zu schenken.

Ein zweiter Gedanke: den Detektiv in uns wecken! Wache Christen achten darauf, was in Gesellschaft, Kirche und Kommune geschieht, sie sind wie neugierige Detektive. Sie suchen in der Bibel und anderen Quellen nach Geschichten und Worten, die trösten, ermutigen oder Orientierung geben. Sie nehmen die Spur Jesu auf, sie recherchieren und bringen seine Aussagen mit ihrem Leben in Verbindung. Sie suchen nach dem Sinn ihres Lebens und wollen herausfinden, wie und wo sie Gott in ihrem Leben erfahren können.

Die Kerzen in der Adventszeit laden uns ein, unser Leben auszuleuchten und darin Spuren Gottes zu entdecken. Wer achtsam eine brennende Kerze anschaut wird ruhiger, kann in sich hineinhören und seinem Weg mit Gott nachspüren.

Wachsam aufleben – das ist die Herausforderung und Chance des Advents.

Weihnachten – einen Neuanfang wagen

Der Advent neigt sich dem Ende zu und mancher denkt: »Weihnachten kommt jetzt viel zu schnell. Eigentlich könnte der Advent noch einmal von vorne beginnen.«

Diesen Wunsch spüren wir meist, wenn wir trotz guter Vorsätze wieder in den vorweihnachtlichen Trubel geraten sind. Wenn wir genau hinsehen, entdecken wir die Muster unseres früheren Verhaltens. Sie wiederholen sich und lösen so das Gefühl in uns aus, versagt zu haben, gefangen zu sein in unseren erstarrten Gewohnheiten. Wir sehnten uns zu Beginn des Advents nach einem Neuanfang, erleben in dessen Verlauf aber die »Wiederkehr des Gleichen« (Nietzsche). Doch wir sollten nicht resignieren.

Am Ende des Advents steht Weihnachten und damit eine weitere Chance, neu zu beginnen. Die Botschaft von Weihnachten heißt: Es gibt etwas ganz Neues unter der Sonne, etwas Unerwartetes, Unverhofftes ist in den Kreislauf der Geschichte eingetreten – Gott wird Mensch.

Gott hat im Lauf der Geschichte auf vielerlei Weise zu den Menschen gesprochen. In diesem Kind aber beginnt einen neue Qualität der Beziehungen zwischen Gott und Mensch. Alte Gottesvorstellungen, die Spirale der Hoffnungslosigkeit, die Kreisläufe von Gewalt und Unterdrückung, von Schuld und Tod werden durchbrochen. In diesem Kind kündigt sich an, was sich etwa dreißig Jahre später in der Gestalt des erwachsenen Jesus zeigen wird: dass mitten in unserem Leben Neues möglich ist. Er wird allen zurufen: »... hört und seht: Blinde sehen und Lahme gehen; ... Taube hören; Tote stehen auf und den Armen wird das Evangelium verkündet« (Mt 11,4f).

 Neues Leben hat begonnen. Wage ich es neu zu beginnen? Mein Leben neu zu ordnen und ihm Richtung zu geben?

Mach's wie Gott, werde Mensch!

Weihnachten steht vor der Tür und erinnert uns daran: Gott riskiert es, Mensch zu werden und unter Menschen zu leben. Sind wir bereit, mit ihm Mensch zu werden?

Gerade vor den Weihnachtsfeiertagen türmt sich ein Berg von Arbeit, Verpflichtungen, Sorgen und Ängsten vor uns auf. Wir wollen es allen recht machen und haben dennoch das Gefühl: Das schaffen wir nie. Wir sehen zum Beispiel die Not vieler Flüchtlinge und uns bewegt die Frage nach einer gemeinsamen Zukunft in unserer Gesellschaft. In dieser Situation ruft Johannes der Täufer uns zu: »Jede Schlucht soll aufgefüllt werden, jeder Berg und Hügel sich senken. Was krumm ist, soll gerade, was uneben ist, soll zu einem ebenen Weg werden« (Lukas 3,4f). Eine frohe Botschaft?

Nur, wenn wir darauf vertrauen: Gott wird Mensch dort, wo wir menschlicher leben, dort, wo wir unsere bewahrenden und unterstützenden Kräfte einsetzen. Dort, wo wir beginnen, das in unserem Leben Krumme gerade zu biegen. Dort, wo wir das in menschlichen Beziehungen Unrechte, Verlogene und Angepasste aussprechen und klären. Dort, wo wir anderen vergeben, Berge einebnen, Schluchten auffüllen und aufrecht leben.

Mach's wie Gott, werde Mensch!

Engelsbotschaften für uns?

»Engel auf den Feldern singen ... «, so hallt es vielstimmig an Weihnachten aus Kirchen und Häusern. Doch klingt die Botschaft der Engel auch in uns?

In den biblischen Erzählungen kommen Engel als Boten Gottes zu den Menschen. Meister Eckhart bezeichnet sie als »ein Abbild und Spiegel Gottes«. In ihnen spricht Gott zu den Menschen. Was können sie uns heute sagen?

Da ist der Engel Gabriel, der Maria aus ihrem Alltag herausruft. Er verkündet ihr, dass sie ein Kind empfangen und gebären wird. Mit dem Kind wächst in ihr etwas Neues, es beginnt eine neue Beziehung zwischen Gott und Mensch. Maria jedoch zweifelt und fragt nach. Erst dann vertraut sie seinen Worten und sagt: »Mir geschehe, wie du gesagt hast.« Gabriel ruft auch uns zu: Du bist Gottes Ebenbild! Gott wird auch in dir neu geboren, lass dich von ihm berühren, zweifle, frage nach, vertraue und gehe erste Schritte, lass Neues in dir wachsen, es wird deinem Leben Sinn geben.

Der Weihnachtsengel verkündet den Hirten eine große Freude: »Heute ist euch der Retter geboren, der Messias, der Herr« (Lk 2,10). Die Hirten – Menschen wie wir – sind voller Sehnsucht nach Freiheit, Heilung und gelingendem Leben. Der Engel ruft ihnen und uns zu: In diesem Kind kommt der Retter, der euch von Ängsten, Verstrickungen und inneren Antreibern befreit, der Wunden heilt! Er ist der Herr, der uns herausfordert, uns nicht von unseren Wünschen, Bedürfnissen oder anderen Menschen bestimmen zu lassen, sondern ihm zu vertrauen.

Mehrmals erscheint auch Josef ein Engel im Traum, zum Beispiel, als er seine schwangere Verlobte verlassen will. In seinem inneren Ringen um eine Entscheidung zwischen persönlicher Enttäuschung, jüdischen Regeln und menschlichem Handeln zeigt der Engel ihm eine neue Perspektive der Situation, die ihn dazu bewegt, sie anzunehmen und zu handeln. Das gilt auch für uns: Steh auf, nimm dein Leben in die Hand, Gott wird mit dir sein!

Die Boten Gottes wollen uns begleiten.
Kann ich mich darauf einlassen?

2. Jahreswechsel – Altes lassen, Neues beginnen

Viele sind schon ausgezogen, die Verhältnisse zu ändern.
Sie blieben ohne Erfolg, weil sie es versäumten,
an ihrer eigenen Veränderung zu arbeiten.

JÖRG ZINK

Kostbarkeiten des Lebens entdecken

Der Beginn des neuen Jahres ist die Zeit der guten Wünsche und Vorsätze. Eine orientalische Geschichte erzählt von einem Mann, der am Meer entlang wanderte und ein Säckchen Steine fand. Während er die Steine durch seine Hand gleiten ließ, beobachtete er gleichzeitig die Möwen, die auf den Wellen spielerisch schaukelten. Darüber freute er sich und warf gedankenlos immer wieder einen Stein nach ihnen, bis er nur noch einen hatte, den er mit nach Hause nahm. Daheim im hellen Licht erkannte er darin einen Edelstein. Da half kein Jammern – alle anderen kostbaren Edelsteine hatte er ins Meer geworfen.

Im neuen Jahr wird das Leben uns nicht nur Lasten auferlegen, wir werden auch kostbaren Edelsteinen begegnen. Werden wir sie achtlos wegwerfen? Zum Beispiel, weil wir sie nicht im »hellen Licht« sehen, weil Vorurteile unseren Blick trüben oder wir nur auf den äußeren Schein achten und innere Werte nicht beachten. Was können wir tun, um die Kostbarkeiten des Lebens rechtzeitig zu erkennen? Jesus von Nazaret gibt drei Anregungen:

»Achtet auf das, was ihr hört!« (Mk 4,24) – Ich bin eingeladen, genauer hinzuhören auf die vielen Worte um mich herum, dann werde ich die kostbaren wahrnehmen, Worte, die mich trösten oder ermutigen, wertvolle Gedanken, die mir einen Weg zeigen, Anfragen, die mich herausfordern, Worte, bei denen mir ein Licht aufgeht.

»Seid wachsam! Denn ihr wisst weder den Tag noch die Stunde« (Mt 25,13) – Ich bin eingeladen, jede Stunde des Jahres wach und achtsam zu sein, um die für mich wertvollen Stunden zu erkennen: Zeiten der Stille, des Gestaltens, des Betens, des Dankens, Zeiten, in denen ich der Natur, Menschen und Gott begegne und daraus Kraft schöpfe.

»Du sollst deinen Nächsten lieben wie dich selbst!« (Mk 12,13) – Ich bin eingeladen, den Menschen offen und wohlwollend zu begegnen, dann finde ich unter ihnen solche, die mich mit ihrer Freude anstecken, denen ich und die mir vertrauen, mit denen ich Sorgen oder Ärger teile, Menschen, ohne die mein Leben ärmer wäre.

Kostbare Worte, wertvolle Stunden und bereichernde Menschen – ich wünsche uns allen, dass wir kostbare Edelsteine entdecken, die Spuren in unserem Leben hinterlassen.

Die Weichen neu stellen

Ein Zug fährt sicher, wenn die Stützbalken, Schienen auf festem Grund aufliegen. Im Stellwerk sorgt man für die Orientierung. Hier werden die Weichen und Signale gestellt. Sie entscheiden über die Fahrtrichtung, über Abfahrt, Sicherheit und Ankunft, über Leben und Tod.

Und wie ist das in meinem Leben? Wer stellt hier die Weichen? Wer bestimmt die Fahrtrichtung? Dazu eine Geschichte:

Ein Mann sitzt im Zug. Bei jeder Station schaut er zum Fenster hinaus, liest den Ortsnamen und stöhnt. Nach einiger Zeit fragt ihn sein Gegenüber: »Tut Ihnen etwas weh?« Da antwortet er: »Eigentlich müsste ich längst aussteigen. Ich fahre in die falsche Richtung. Aber hier drinnen ist es so schön warm und bequem.«

Eigentlich sollte ich ... aussteigen, umkehren, dieses lassen, jenes tun, neu beginnen. Dieses Gefühl kennen wir alle – und auch das folgende Aber. Dieses Aber beruht auf unseren Lebenserfahrungen. Zum einen unterstützen diese Erfahrungen und Gewohnheiten unsere Orientierung, zum anderen legen sie uns fest, engen ein und behindern einen Neubeginn, denn das bedeutet immer auch, mich zu verändern. Doch Veränderung verunsichert zunächst, ist anstrengend, kann jedoch auch sehr befreiend sein.

Die Jahreswende ist für viele ein Anlass, ins vergangene Jahr zurückzublicken und nach vorne in die Zukunft des neuen Jahres zu schauen. Jetzt – nicht später – ist die Zeit anzuhalten und die Fahrtrichtung meines Lebenszuges zu ändern. Was war? Was ist mir im kommenden Jahr wichtig? Auf welches Ziel will ich zusteuern? Fahre auch ich enttäuscht und ohne Ziel einfach weiter? Lasse ich andere die Signale setzen, die Weichen für mich stellen?

Jahreswende – das könnte heißen: mich selbst anschauen, klären, was ich will, mir ein Ziel setzen und die Richtung meines Lebenszuges korrigieren.

Jahreswende – das könnte heißen: Ich nehme mein Leben in die Hand und wie die Weisen aus dem Morgenland ziehe ich »auf einem anderen Weg« (Mt 2,12), um meine Kontakte und Beziehung zu anderen Menschen neu zu gestalten.

Jahreswende – das könnte heißen: wieder mehr auf Gott zu vertrauen, dass er mich durch das neue Jahr begleitet.

Die Botschaft der Weisen

»Als Jesus während der Zeit des Königs Herodes in Bethlehem in Judäa geboren worden war, kamen Sterndeuter aus dem Osten nach Jerusalem und fragten: Wo ist der neugeborene König der Juden?« – so lesen wir bei Matthäus (2,1). Waren es Sterndeuter, Magier, Weise aus dem Morgenland oder waren es gar, wie es die mittelalterliche Volksfrömmigkeit nahelegt, Könige? Für alle Bezeichnungen gibt es Erklärungen. Wenn wir bei der Bezeichnung »Könige« bleiben, dann begegnen uns in der Geschichte sogar fünf Könige.

Da ist zunächst das hilflose Kind in der Krippe, Jesus, der »neugeborene König«. Ein Bild, das so nicht den damaligen und heutigen Vorstellungen entspricht. Die Bibel verkündet, Gott wurde in diesem Kind Mensch, um uns neu aufzurichten und um uns seine königliche Würde zu schenken. In Jesus wurde er arm geboren, damit wir reich sind. Dieser Jesus verkündet später, dass die Königsherrschaft Gottes in uns ist, und lädt dazu ein, uns nicht von Bedürfnissen und Erwartungen, Zwängen und Machtvorstellungen beherrschen zu lassen. Er fordert uns auf, unser König-Sein dienend und verantwortlich zu leben.

Demgegenüber steht König Herodes. Die Reisenden aus dem Morgenland treffen in Jerusalem auf eine Macht, deren Spielarten auch uns bekannt sind. Hier herrschen Menschen über Menschen, Misstrauen, Hinterlist, Eitelkeit, Lüge, Angst, Drohung und Gewalt. Selbst die heiligen Bücher werden benutzt, um heuchlerisch den »neugeborenen König« zu finden und ihn zu töten. Welche Anteile dieser »Herodesgestalt« tragen wir selbst in uns?

Kaum verlassen die drei Könige Herodes, sehen sie wieder den Stern. Er führt sie zu einem unscheinbaren Ort und beleuchtet in einem Stall eine Szene, in der sie im neugeborenen Kind den gesuchten König erkennen. Hier, weit weg von ihren ursprünglichen Vorstellungen, erkennen sie: Gott selbst hat sich mit dem Menschen und seiner Sehnsucht, königlich zu leben, verbunden.

Die drei Könige bringen Gaben mit. Sie erscheinen uns heute unpassend: Gold, Weihrauch, Myrrhe. Was soll dieses Kind damit anfangen? Die Erzählung steckt voller Symbole. Was wollen sie uns sagen?

Gold – der Mensch ist ein Kind Gottes und wertvoller als alles andere auf Erden. Jeder Mensch ist eingeladen, das »geschenkte Gold«, seine königliche Würde, Originalität und Freiheit verantwortlich zu leben. Das ist nicht einfach. Gold kann wie Geld blenden und gierig machen. Wenn wir es (auch in Form von Geschenken) an die Krippe legen, dann drücken wir damit aus, dass Gold und Geld dem Menschen zu dienen haben und wir es nicht nur für uns verwenden, sondern teilen sollen und so auch für andere eine Lebensgrundlage schaffen.

Weihrauch ist zunächst ein Zeichen für die Sehnsucht nach Gott. Ein Zeichen für unser Suchen und Fragen nach Sinn und königlichem Leben. Weihrauch hat aber auch heilende Wirkung, wie uns die Medizin zeigt. Solch eine Medizin könnte heute sein, die Sehnsucht der Menschen nach Gott wachzuhalten und ihr Suchen nach ihm zu begleiten.

Myrrhe – ein Symbol der Linderung von Schmerz und Leid, eine bittere Medizin für menschliche Begrenztheit und Schwäche. Sie erinnert uns daran, die eigenen Schwächen zu tragen, aber auch die anderer zu lindern und barmherzig zu handeln.

Drei Geschenke – eine Botschaft: Gott zeigt sich in der königlichen Würde des Menschen, in der Kraft menschlicher Sehnsucht nach dem Sinn des Lebens und nach Gott und in seinem barmherzigen Handeln. So erkennen wir schon hier die Botschaft, die das Kind später als Erwachsener verkündet und lebt.

Nach dieser Begegnung mit dem Kind kehren die drei Könige beschenkt mit neuen Gaben zurück. Sie sind weise und hellhörig geworden. Sie lassen sich nicht von Herodes hinters Licht führen, dafür aber von einem Engel im Traum berühren. Ihnen geht ein Licht auf. Sie kehren auf einem neuen Weg zurück in ihre Heimat.

Nehme ich mir im neuen Jahr immer wieder Zeit,
achtsam auf meine innere Stimme zu hören?
Auf welchem neuen Weg kehre ich zu mir zurück?

Achte auf Gedanken und Vorsätze

In den Königsgräbern von San Isidoro in León (Spanien) am Camino de Santiago befindet sich ein Jahreskalender aus dem 12. Jahrhundert. Er beginnt mit dem Bild eines Menschen mit zwei Gesichtern, der zwischen zwei Toren steht. Die Römer verehrten den doppelgesichtigen Janus als Beschützer ihres Hauses und als Gott der Türen und Tore. Er überwacht gleichzeitig Ein- und Ausgang, er schaut nach innen und außen, er blickt zurück und in die Zukunft. Janus ist der Gott des Jahreswechsels. Der Januar trägt daher auch seinen Namen.

Viele von uns blicken in diesen Tagen erleichtert und dankbar zurück auf das vergangene Jahr, aber wir schauen auch in die Zukunft, denn Neues kommt auf dem Pilgerweg unseres Lebens auf uns zu. Manche sind unsicher, andere hoffnungsvoll, die nächsten voller Sorgen, wie es weitergehen wird. Viele sagen: Ich verzichte auf persönliche gute Vorsätze, das bringt doch nichts. Doch gerade diese pessimistische Aussage ist gefährlich.

Das Leben ist nicht einfach das, was mit uns geschieht. Wenn es so wäre, dann würden wir nur auf äußere Erwartungen und Einflüsse reagieren und uns von ihnen bestimmen lassen. Wir würden gelebt, statt zu leben. Aber das Leben ist auch das, was wir selbst aktiv herbeiführen. Ermutigende Gedanken und persönliche Vorsätze unterstützen das. Dazu ein Text aus der jüdischen Überlieferung:

Achte auf deine Gedanken,
denn sie werden deine Worte.

Achte auf deine Worte,
denn sie werden deine Handlungen.

Achte auf deine Handlungen,
denn sie werden deine Gewohnheiten.

Achte auf deine Gewohnheiten,
denn sie werden dein Charakter.

Achte auf deinen Charakter,
denn er wird dein Schicksal.

Gelassenheit im Alltag

Ein Stau, die geplatzte Verabredung, der unauffindbare Schlüssel, ein Berg von Unerledigtem, Ärger mit dem

Partner, dem Chef oder den Kindern – und dabei hatte ich mir dieses Jahr vorgenommen, gelassener zu sein!

Gelassenheit – es fällt uns oft schwer, Dinge, Menschen und Situationen zunächst so zu nehmen, wie sie sind. »Es ist, wie es ist.« Doch reicht das? Die »Zehn Gebote der Gelassenheit«, die Papst Johannes dem XXIII. zugeschrieben werden, laden uns ein, mit konkrete Anregungen Gelassenheit im Alltag einzuüben. In Kurzform stelle ich sie hier vor. Wählen Sie täglich morgens eine Anregung aus, denken Sie fünf Minuten still darüber nach und gehen Sie mit diesem Satz in den Tag. Beim abendlichen Rückblick können Sie prüfen, ob und wie Sie diese Anregung gelebt haben.

LEBEN – Heute bemühe ich mich, den Tag zu erleben, ohne dass ich das große Problem meines Lebens lösen muss.

SORGFALT – Heute achte ich besonders darauf, andere nicht zu kritisieren oder zu verbessern, nur mich selbst.

GLÜCK – Heute bin ich glücklich, auch für andere.

REALISMUS – Heute passe ich mich den Umständen an, ohne zu verlangen, dass die Umstände sich meinen Wünschen anpassen.

LESEN – Heute lese ich mindestens zehn Minuten ein gutes Buch, einen guten Text. Sie sind Nahrung für meine Seele.

HANDELN – Heute vollbringe ich eine gute Tat und werde niemandem davon erzählen.

ÜBERWINDEN – Heute tue ich etwas, wozu ich keine

Lust habe. Sollte ich mich deshalb grämen oder ärgern, werde ich dafür sorgen, dass es niemand bemerkt.

PLANEN – Heute erstelle ich ein Tagesprogramm. Vielleicht halte ich mich nicht genau daran, aber ich hüte mich vor zwei Übeln: Hetze und Unentschlossenheit.

MUT – Heute habe ich keine Angst. Ich freue mich an allem, was schön ist, und glaube an die Güte Gottes.

VERTRAUEN – Heute glaube ich, selbst wenn die Umstände das Gegenteil zeigen sollten, dass Gott für mich da ist, als gäbe es sonst niemanden in der Welt.

Gelassenheit ist eine Lebenshaltung. Wir können sie täglich in einfachen Situationen einüben, damit wir auch in schwierigen Zeiten fähig werden zu sagen: »Es ist, wie es ist.« Damit beginnen wir uns zu ändern und gelassener zu leben.

»Binde deinen Karren an einen Stern!«

Das neue Jahr ist noch so jung wie unsere Vorsätze. Haben wir schon begonnen, sie zu verwirklichen oder sie bereits vergessen? Ein rätselhafter Spruch von Leonardo da Vinci kann da weiterhelfen: »Binde deinen Karren an einen Stern!« Wäre das ein Leitsatz für das neue Jahr?

»Karren«, das könnte bedeuten, dass darauf alles liegt, was ich schon im alten und im neuen Jahr mit mir herumtrage: Arbeit, Erwartungen und Verpflichtungen, die auf mich zukommen, Ärger, Ängste und Enttäuschungen. Ich will regelmäßig innehalten, das Belastende auf diesem Karren ansehen, prüfen und fragen: Was kann ich loslassen, abwerfen?

»Stern«, da könnte ich fragen: Was gibt mir Orientierung und Halt? Was ersehne, erhoffe, erträume ich für die nächsten Monate? Was will ich?

»Binde deinen Karren an einen Stern« könnte heißen, ich halte inne und frage mich: Was tut mir gut und was ist mir sehr wichtig? Ich erleichtere meinen Karren, finde ein Ziel, binde es an einen Stern und gehe die ersten Schritte darauf zu. Doch ich weiß aus Erfahrung: Aller Anfang ist schwer. Schnell habe ich Ausreden gefunden, um etwas zu verschieben oder es ganz zu lassen. Habe ich Angst zu versagen?

Anfangen – das heißt: anfassen, anpacken und unser Leben in die Hand zu nehmen. Wir hören auf, über andere oder die Bedingungen zu jammern, wir wagen Neues und erkennen, »jedem Anfang wohnt ein Zauber inne« (Hermann Hesse).

Das gilt auch für unsere Vorsätze: Wir spüren eine Sehnsucht, uns zu erneuern. Neu werden heißt jedoch nicht, alles Alte abzulegen. Vorsätze richten unseren Blick in die Zukunft. Wir warten nicht, bis etwas geschieht, sondern lassen uns durch sie dazu motivieren, aktiv zu werden, sie geduldig zu pflegen und achtsam neues Verhalten und Denken einzuüben. Wir wissen: Altes ist noch in uns, aber Neues wird sich entwickeln. Oder wie Jesus im Gespräch mit Nikodemus auf die Frage: »Kann ein Mensch sich verwandeln?« antwortete: »Ja! Du musst neu anfangen, so, als ob du neu geboren wärst« (Joh 3,3).

3. Fastenzeit und Ostern

Die Fastenzeiten sind Teil meines Wesens. Ich kann auf sie ebenso wenig verzichten wie auf meine Augen. Was die Augen sind für die äußere Welt, das ist das Fasten für die innere.
MAHATMA GANDHI

Alles hat seine Zeit – Fastnacht und Fastenzeit

»Alles hat seine Stunde. Für jedes Geschehen unter dem Himmel gibt es eine bestimmte Zeit« (Koh 3,1). Das gilt auch für die Fastnacht und den Aschermittwoch. Mit ihm beginnt die Fastenzeit. Für viele Menschen ist dies eine wichtige Zensur im Jahr. Die einen verabschieden sich von der Ausgelassenheit der Fastnacht oder vom Winter, andere freuen sich auf den nahen Frühling und das Erwachen der Natur, die nächsten sehen darin eine Chance, eingefahrene Gewohnheiten, Denk- und Verhaltensweisen zu überprüfen, etwas zu ändern und sich damit auf das Osterfest vorzubereiten. Zum Beginn der Fastenzeit dazu einige Anregungen.

Umkehr – an Fastnacht, Fasching oder Karneval tragen wir eine Maske/Larve und verkleiden uns. So spielen wir andere Rollen, als wir dies im Alltag tun. Wir zeigen: Ich kann, ich will einmal anders sein. In der Fastenzeit dagegen legen wir Maske/Larve und Verkleidung ab und sind eingeladen, in den Spiegel zu schauen und uns zu fragen: Wer bin ich wirklich? Was gibt meinem Leben Sinn? Was will ich in dieser Fastenzeit dafür tun? Jedes

Jahr bieten die sieben Wochen eine neue Chance, mich intensiver um mich, meine Beziehungen zu Mitmenschen und zu Gott zu bemühen. Vor Gott brauchen wir keine Maske, keine Larve, er kennt uns und lädt »entlarvte Sünder« zur Umkehr ein.

Einkehr – wenn wir die Verkleidung ablegen, lassen wir sie und uns los. Wir kehren bei uns ein. Konkret wird das im Verzichten auf etwas, das mir schwerfällt, oder indem ich mir Zeit nehme, mich für andere Menschen zu engagieren. Dadurch achte ich auf mich, werde aufmerksamer für mein tägliches Tun, die Not anderer und erlebe darin einen Sinn.

Hinkehr – der Weg durch die Fastenzeit hat ein Ziel, nämlich Ostern. Dort begegnen wir dem Kreuz, aber auch dem auferweckten Jesus. Nach alter kirchlicher Lehre werden wir durch eine bewusste Gestaltung der Fastenzeit durchlässig für Gott und bereit für die Feier und den Sinn des Osterfestes.

Fastenzeit – das ist für Christen ein Übungsfeld zur Umkehr, Einkehr und Hinkehr auf dem Weg bis Ostern.

Wie gestalte ich diesen Weg in diesem Jahr?

 Was werde ich konkret tun?

Versuchungen widerstehen

Es gibt Sportarten, zum Beispiel Handball, da kann der Trainer eine »Auszeit« anmelden. Er nimmt sie, wenn seine Spieler die Übersicht verlieren, er Fehler erkennt, die Spieler ausgepowert sind, wenn er spürt, die innere Einstellung stimmt nicht mehr. Wird das Spiel unterbrochen, hat er die Möglichkeit, auf Fehler und Spielvarianten hinzuweisen und Aufgaben neu zu verteilen. »Auszeit« ist heilsame Pause, um Atem zu holen, sich zu motivieren und neu zu beginnen.

Wäre das nicht etwas für die Fastenzeit? Eine tägliche Pause – zum Atemholen für alle, die unter äußerem und innerem Druck leiden und deren Akku leer ist? Für alle, die in Alltagstrott und Routine erstarren? Für alle, die ihre innere Einstellung überprüfen und Leib und Seele Gutes tun wollen? Für alle, die Fehler korrigieren und neu beginnen wollen?

Zu Beginn der Fastenzeit werden wir mit der biblischen Erzählung von den drei Versuchungen Jesu konfrontiert. Auch wir erleben diese Versuchungen. Die Fastenzeit ist eine Zeit des Verzichtens, der Reinigung, der Versuchungen und Vorsätze.

Bei der ersten Versuchung soll Jesus Steine in Brot verwandeln. Brot ist ein Bild für alles, was verfügbar sein und konsumiert werden sollte: Nahrung, Kleidung, Informationen, Kultur, Religion, Freizeit. Verzichten auf Konsum könnte heißen: quantitative Ansprüche zurückschrauben, Dinge lassen, sich Zeit nehmen für sich, für andere Menschen, die Natur und Gott. Bei der zweiten Versuchung soll sich Jesus von den Mauern des Tempels stürzen, um Gott zu prüfen, ob er ihn wirklich durch Engel auffängt. Diese Versuchung warnt uns vor uns selbst: wenn ich mein Fasten nutze, um zu zeigen, wie gut ich bin, oder um Anerkennung zu erhalten. Ich vertraue dann nicht mir und Gott, sondern missbrauche mein Fasten und Gott, um mein Ego zu befriedigen.

Bei der dritten Versuchung wird Jesus die Macht über alle Reiche der Welt versprochen, wenn er den Teufel anbetet. Ist er dann mächtig oder von ihm abhängig? Macht – da denken wir an Politiker, Wirtschaftsbosse, Banker, aber auch an Kirchenvertreter, die ihre Macht missbrauchen. Warum denken wir nicht an uns, z.B. wenn wir andere unter Druck setzen, sie mobben, ihnen ein schlechtes Gewissen einreden, ihre Schwächen ausnützen, sie verletzen? Können wir solchen Versuchungen widerstehen?

 Fastenzeit ist die Chance, mich zu ändern. Wann beginne ich damit?

Wege zur inneren Erneuerung

Mit der Fastenzeit verbinden viele Menschen immer noch Erinnerungen an Verzicht, Verbote, Askese und Buße. Christliche Erziehung hat diese Deutung der Askese lange als Druckmittel missbraucht und den ursprünglichen Sinn des Fastens verschüttet. Für Thomas von Aquin ist Fasten ein freiwilliges Werk. Er beruft sich auf die Praxis Jesu, dem es nicht um ein verordnetes »Gebotsfasten« ging, sondern um die rechte Gesinnung, mit der Menschen fasten. Daher sind wir eingeladen, uns freiwillig den Herausforderungen der Fastenzeit zu stellen: unsere inneren Einstellungen, Abhängigkeiten und unsinnigen Gewohnheiten zu überprüfen, zu korrigieren und uns körperlich, seelisch und spirituell zu erneuern. In der Bibel werden dazu bewährte »Reinigungsmittel« angeboten: Fasten, Barmherzigkeit und Gebet. Was könnte das heute bedeuten?

Fasten heißt, sich zu reinigen, denn darin steckt mehr als äußerer Verzicht auf Nahrung, Alkohol oder Rauchen. Das kann ein erster hilfreicher Schritt sein, doch wichtiger ist die Konzentration auf Wesentliches, z.B. die Reinigung unserer Gedanken, Worte und Taten. Im Sinne des Mystikers Johannes vom Kreuz: »Besser ist es, die Zunge zu beherrschen, als zu fasten bei Wasser und Brot.« Einige Ideen, was damit gemeint sein könnte: nicht ständig zu jammern und klagen, weniger über andere, mehr mit ihnen zu reden (vgl. Wortfasten, Seite 63), den Menschen nicht gleich ihre Schwächen und Fehler vorzuhalten, sondern Gelungenes zu sehen und wertzuschätzen.

Barmherzigkeit leben – das hilft bestens dagegen, immer mehr haben zu wollen und gegen egoistisches Verhalten. Ich beginne mit einer Inventur: Welche inneren Altlasten und Sorgen sollte ich mit wem besprechen?

Wie kann ich sie klären? Mit wem oder was möchte ich mich versöhnen? Aber auch: Meine gut erhaltenen Kleider – welche trage ich überhaupt noch, welche könnte ich verschenken? Eine andere Idee: Wem könnte ich mit einem Besuch oder Brief eine Freude bereiten?

Beten heißt, mit Gott zu reden – das ist ein wirksamer Schutz gegen den Alltagsstress, z.B. indem ich mir täglich bewusst eine stille Zeit für mich nehme. In diese Stille hinein kann ich Gott meine Gedanken, Sorgen und Ziele hinhalten. Allein das hat oft eine befreiende Wirkung. Daher: »Achtet sorgfältig auf eure Lebensweise« (Eph 5,15), damit neues Leben blühen, wachsen und reifen kann.

Verzicht gibt – auf meine Worte achten

Die Fastenzeit lädt uns ein zu einem Kontrastprogramm. Statt immer mehr zu konsumieren, sollten wir uns befreien von dem inneren Zwang, ständig etwas einzukaufen und den Einflüssen der Werbung und der Informationsflut durch die Medien zu folgen. Dabei können uns traditionelle und weniger bekannte Verzichtsformen helfen.

Viele denken, Verzicht sei etwas Lebensfeindliches. Doch eigentlich bietet er eine Chance loszulassen, freier zu werden und sich an Leib und Seele zu erneuern. Martin Heidegger meint: »Verzicht nimmt nicht, Verzicht gibt. Er gibt die unerschöpfliche Kraft des Einfachen.«

Anders formuliert: Ich erlebe, dass weniger mehr ist, verzichten gewinnen heißt.

Neben dem traditionellen Verzicht auf Nahrung oder verschiedene Genussmittel können wir uns auch auf unser alltägliches Sprechen konzentrieren. Schon die christlichen Mönche des 4. Jahrhunderts meinten: »Welchen Nutzen hat es, sich der Speise zu enthalten und all den anderen Begierden nachzugeben? ... wenn du die Enthaltsamkeit und das Fasten praktizieren willst, so wie es Gott gefällt, hüte dich vor jedem schlechten Wort, vor übler Nachrede, vor jeder Verurteilung und öffne dein Ohr nicht schlechten Reden.« Wir sind eingeladen, ein »Wortfasten« einzuüben und dabei achtsam mit unseren Gedanken und unserer Rede umzugehen:

- Klatsch und Tratsch vermeiden. Statt über Abwesende zu lästern, ist es ehrlicher, mit ihnen direkt zu sprechen, wenn uns etwas stört.
- Nicht sofort die Fehler und Schwächen anderer herausstellen, sondern zunächst Gelungenes sehen, wertschätzen und ermutigen.
- Statt zu jammern und zu klagen einmal die Perspektive wechseln, sich in die Situation anderer hineinversetzen und die Dinge von einer anderen Seite aus betrachten.
- Ehrlich, offen und klar die eigene Meinung, aber auch vorhandene Zweifel und Schwierigkeiten aussprechen.

Wer freiwillig verzichtet, achtsam lebt und ein Wortfasten beharrlich übt, ist auf dem Weg zu einem gelingenden Leben.

Mit sich in Einklang kommen

Für Jesus spielte das vom Judentum gesetzlich verordnete Fasten keine Rolle. Ihm ging es um die Gesinnung eines freiwilligen Fastens. Was könnte das heute heißen?

Haben Sie schon einmal erlebt, wie ein Instrument gestimmt wurde? Der Instrumentenstimmer hat ein feines Gehör. Er prüft die Töne, hört die kleinsten Unstimmigkeiten. Einfühlsam stimmt er das Instrument höher oder tiefer und löst Misstöne auf, bis alle in Einklang sind. Von ihm können wir lernen, auf die »Töne« im Umgang mit uns selbst, unseren Mitmenschen und mit Gott zu hören und sie in uns in Einklang zu bringen. Die Fastenzeit bietet dazu eine gute Gelegenheit.

Zunächst frage ich mich: Bin ich mit mir selbst im Einklang? Wie ist das in Situationen, in denen ich missgestimmt und unzufrieden, gereizt und kraftlos bin? Woher kommt meine miese Stimmung, meine Lustlosigkeit? Wie kann ich wieder ins Lot kommen? Was könnte ich tun, um meine Gedanken und Worte, meine Worte und mein Handeln in Einklang zu bringen? In vielen biblischen Begegnungen zeigt uns Jesus, wie wertvoll jeder Mensch vor Gott ist. Daher darf auch ich mich selbst akzeptieren und lieben. Nur wer sich selbst liebt, kann andere lieben.

Dann achte ich zweitens darauf, dass ich mit meinen Mitmenschen in Einklang komme. Bin ich hellhörig für ihre Bitten und Anfragen oder werden diese von meinen Interessen übertönt? Welche falschen Untertöne oder Dissonanzen sind in meinen Worten zu hören? Bin ich bereit, Verstimmungen und Missverständnisse anzusprechen und auszuräumen? Kann ich verzeihen? Die Messlatte Jesu ist hoch – wie gehen wir miteinander um?

Schließlich frage ich: Bin ich mit Gott im Einklang? Gott fordert von mir keine religiöse Leistung. Er nimmt mich, wie ich bin. Er lädt mich ein, auf die Töne seiner Botschaft zu hören in Zeiten des Schweigens, der Freude oder Krise, beim Lesen eines biblischen Textes, in alltäglichen, offenen oder spannungsreichen Gesprächen, wenn ich staune über ein Neugeborenes oder die aufbrechende Natur.

Fastenzeit – ich bin eingeladen, die Instrumente meines Lebens neu zu stimmen.

Entrümpeln tut gut

In unserem Leben entsteht immer wieder Unordnung. In der Wohnung oder Werkstatt, in Schränken, Regalen, Kisten sammeln sich viele Dinge an. Jeder kennt das: Wir suchen etwas, brauchen dafür viel Zeit, regen uns auf, werden hektisch, ärgerlich, verlieren den Überblick.

Die Unordnung hat nicht nur praktische, sondern auch körperliche und seelische Auswirkungen. Es ist daher notwendig, in regelmäßigen Abständen die Unordnung neu zu ordnen. Dazu müssen wir aktiv werden, sowohl in unseren alltäglichen Zusammenhängen als auch in Bezug auf Körper und Seele. Die Fastenzeit will uns dazu motivieren.

Vielen fällt es schwer, abgelegte Dinge, Souvenirs, Kleider, Bücher, die noch gut erhalten sind, weiter zu verschenken oder wegzuwerfen. Die guten Erinnerungen zum Beispiel an einen Urlaub, einen runden Geburtstag oder einen wichtigen Menschen hindern uns daran, Dinge loszulassen. Doch nur wer loslässt, schafft freien Raum für Neues. Entrümpeln tut gut und befreit uns äußerlich und innerlich.

Mit unserem Körper ist es ähnlich. Er hat oft viel »Nahrungs-Gerümpel« gespeichert. Ein vorübergehender Verzicht auf zu viel oder sogar alle feste Nahrung (unterstützt durch das ausreichende Trinken von Wasser und Tee, z.B. in einer Fastenerfahrungswoche) gibt ihm die Möglichkeit, sich davon zu befreien und Belastendes auszuscheiden. Solch ein Fasten ist für gesunde Menschen kein Hungern. Das wird der bemerken, der sich darauf einlässt, es einmal auszuprobieren.

Räumliches und körperliches Entrümpeln befreit und öffnet gleichzeitig die Türen zur geistigen, seelischen und religiösen Dimension des Fastens. Das meint: Es ist ebenso wichtig, die Seele aufzuräumen. Diese Chance können wir nutzen, indem wir unseren »seelischen Müll« anschauen: Neid, Stolz, Begierden, mein Streben nach Anerkennung und Macht, mein Umgang mit mir selbst und anderen, mein Verlangen nach allem, was das Leben scheinbar so angenehm macht.

Die Fastenzeit lädt also zur äußeren und inneren Reinigung meiner körperlichen, geistigen und seelischen »Altlasten« ein.

 Was gibt es bei mir zu entrümpeln und zu reinigen? Mit was beginne ich in dieser Fastenzeit? Was will ich dann wirklich ändern? Was tue ich dafür?

Bremsen und einen Gang herunterschalten

»Mit den Menschen ist es wie mit den Autos: Laster sind schwer zu bremsen« (Heinz Erhardt). Das Sprachspiel mit dem doppeldeutigen Wort »Laster« signalisiert uns: Nicht nur ein Lastwagen in voller Fahrt, sondern auch unsere eingefahrenen persönlichen Laster und Gewohnheiten sind nur schwer zu bremsen.

Je länger wir unseren Geist berieseln mit Fernsehen und Internet, mit Sensationsmeldungen oder Klatsch und Tratsch, desto abgestumpfter werden wir für die Signale unserer Seele. Sie aber meldet uns: Halte inne, komm zur Ruhe, nimm dir Zeit für dich. Doch wir nehmen diese Signale im hektischen Alltag immer seltener wahr.

Je mehr unser Denken und Handeln durch eine Lebensweise des Haben-Wollens oder gar der Hab-Sucht bestimmt wird, desto unsensibler werden wir für unsere Lebenssituation und Bedürfnisse, für die verdeckten und offenen Worte oder Signale anderer Menschen und für die wirklichen Werte im Leben.

Je mehr wir unseren Kalender mit äußeren Verpflichtungen und eigenen Erwartungen vollstopfen und uns für unersetzlich halten, desto mehr fühlen wir uns unter Druck, haben keine Zeit mehr für uns. Oder, wie eine Frau ihre Situation zu Beginn einer Fastenwoche beschrieb: »Ich lebe zur Zeit nicht selbst, ich werde gelebt.«

Die Tage der Fastenzeit eröffnen uns eine Chance, uns unseren »krankmachenden Lastern« zu stellen. Für Cassian, ein Wüstenvater und Schriftsteller unter den Mönchen des 4. Jahrhunderts, sind das Zorn, Neid, Hetze, Trägheit, Eifersucht, Ruhmsucht und »unstetes Herumschweifen des Geistes«.

Fasten fordert uns dazu auf, zu bremsen und einen Gang zurückzuschalten, damit wir nicht von den eigenen Lastern überrollt werden. Nur dann können wir uns um die Anliegen unserer Seele kümmern, für sie sorgen, den schädlichen Gedanken und Einflüssen widerstehen, die Flut der Erwartungen stoppen und ein Gespür für das Wesentliche in unserem Leben entwickeln. Was also will und kann ich tun?

Den Stein ins Rollen bringen

Die Frauen sagten zueinander: »Wer wird uns den Stein vom Eingang des Grabes wegwälzen?« (Markus 16,2f).

Den Stein ins Rollen bringen
er ist schwer und verschließt
er begrenzt und verdunkelt
er versperrt den Zugang
er verhindert Leben
Den Stein ins Rollen bringen
Steine des Anstoßes
aus dem Weg schaffen
anderen keine Steine in den Weg legen
nicht steinhart bleiben
Den Stein ins Rollen bringen
auch steinige Wege gehen
nicht in den Sand,
sondern auf festem Grund bauen
aus Steinen Brücken füreinander
und zueinander bauen
Den Stein ins Rollen bringen
damit Licht sich ausbreitet
damit Totes zu neuem Leben erwacht
und sich entfaltet
damit der Stein des Anstoßes
zum Eckstein des Glaubens wird
PETER MÜLLER

Die beste Predigt – ein österlicher Mensch

Neulich hörte ich den Satz: »Die beste Predigt ist ein österlicher Mensch.« Wenn wir uns dann erinnern, dass die Jünger und Anhänger Jesu vor allem mit der Formel »er wurde auferweckt« und dem Bekenntnis »Jesus lebt« von seiner Auferstehung erzählten, dann fragen wir: Woran erkennen wir einen österlichen Menschen? Woran spüren wir seine Hoffnung und Zuversicht, aus der er lebt? Woran merken wir, dass der Satz »Jesus lebt« für ihn kein leeres Wort ist?

Einen wichtigen Hinweis finden wir in der Apostelgeschichte. Dort heißt es über den Umgang der ersten Christen untereinander: »Seht, wie sie einander lieben!« Fragen wir also: Was könnte es für uns heißen, österlich zu leben?

Wir könnten Ostern in den Beinen haben, das heißt: so wie Jesus auf Menschen zugehen, einfühlsam den ersten Schritt tun und zuhören, sie offen und aufrichtig ein Stück ihres Weges begleiten. Aufstehen für das Leben und das, was andere bedrückt oder in die Knie zwingt.

Wir könnten Ostern in den Händen haben, das heißt: jemandem die Hand entgegenstrecken und sich mit ihm versöhnen, untereinander Frieden stiften, andere trösten, sie an der Hand nehmen, begleiten, ihnen im Gespräch und durch unser Handeln Orientierung schenken.

Wir könnten Ostern in den Augen haben, das heißt: die Augen offen halten und wach sein für die Signale des

Augenblicks, der Not und Freude, der Bitte um Anerkennung und Hilfe. Wie Jesus den Menschen begegnen: offen, respektvoll und unvoreingenommen. Sie wahrnehmen, ansehen und ihnen so Ansehen schenken.

Wir könnten Ostern im Herzen tragen, das heißt: Menschen herzlich begegnen, sie ermutigen und miteinander lachen, Freude und Zuversicht ausstrahlen. Leid, Krankheit und Tod nicht verdrängen, den Karfreitag nicht totschweigen, aber Ostern im Herzen tragen und im Alltag leben.

Einfach mit Beinen, Händen, Augen und Herz als »österlicher Mensch« unspektakulär handeln, wie es uns der zunächst unerkannte Jesus auf dem Weg nach Emmaus (Lk 24,13–35) vorlebte.

Mitten im Leben immer wieder aufstehen

Der Weg durch die Fastenzeit liegt schon einige Tage hinter uns. Die einen haben ihre Vorsätze durchgehalten, andere mussten Versuchungen und Schwächen widerstehen und mancher scheiterte aus unterschiedlichsten Gründen. Doch die Erfahrung dieser Zeit und die Botschaft des Osterfestes vermitteln uns die Zusage: Trotz Schwächen oder Fehler, Erfolg oder Scheitern bist du eingeladen, auf deinem Lebensweg immer wieder neu aufzustehen. Denke daran: Jeder kann fallen, doch nur wer aufsteht, kann auch weitergehen, und wer sich aufrichtet, öffnet sich, erlebt Neues, verändert sich, verwandelt sich. Ein Text, der 1672 in der Paulskirche in Baltimore angebracht wurde, gibt uns dazu konkrete Anregungen für den Alltag. Hier eine Auswahl in gekürzter und bearbeiteter Form:

Gehe ruhig und gelassen durch Lärm und Hektik und denke an den Frieden, den die Stille dir schenken kann.

Äußere deine Wahrheit ruhig und klar und höre anderen zu, auch sie haben ihre Lebenserfahrungen.

Stehe in freundlicher Beziehung zu den Menschen, ohne dich selbst aufzugeben.

Vergleiche dich nicht mit anderen, denn immer gibt es jemanden, der es besser kann als du.

Freue dich über deine Leistung, aber schmücke dich nicht mit fremden Federn.

Sei dankbar für deinen Erfolg, wie bescheiden auch immer er ist.

Stärke die Kräfte deines Geistes und deiner Seele, damit sie dich schützen in plötzlichen und schwierigen Situationen.

Beunruhige dich nicht mit Ängsten und Befürchtungen, denn sie sind die Folgen von Einsamkeit.

Bemühe dich um ein heilsames Maß an Selbstdisziplin, aber sei gut zu dir selbst.

Lebe in Frieden mit dir, deinen Mitmenschen und Gott, welche Vorstellung auch immer du von ihm hast.

Trotz all ihrem Schein, der Plackerei und unerfüllter Träumen: Diese Welt ist wunderbar. Es lohnt sich, mitten im Leben immer wieder neu aufzustehen.

4. Pfingsten – »... und jeder hörte sie in seiner Sprache reden«

Selig die Menschen, deren Stärke in dir gründet,
die Pilgerwege in ihrem Herzen haben.
PSALM 84,6 IN DER ÜBERSETZUNG VON ERICH ZENGER

Sieben Gaben zur Kunst des Lebens

Immer mehr Menschen fragen: Wie kann mein Leben gelingen? Ratgeber zur »Kunst gelingenden Lebens« stehen seit Jahren hoch im Kurs. Das Fragen und Suchen danach ist jedoch nicht neu. Auch die Menschen zur Zeit Jesu stellten diese Frage und fanden ihre eigene Antwort darauf. Wie die Apostelgeschichte berichtet, bezeichneten sie sich zunächst nicht als Christen, sondern als »Anhänger des neuen Weges« (9,2) und bekannten, dass der Wanderprediger aus Nazaret der Messias, der Christus ist. Lehren und Vorschriften waren unwichtig, nur an der Botschaft Jesu wollten sie ihr Leben ausrichten und auf neue Weise in ihrem Leben Gottes Wirken in dieser Welt sichtbar machen.

Wie dieser neue Weg gelebt werden soll, dazu hatte ihnen Jesus Beispiele erzählt und vorgelebt: wie der des barmherzigen Vaters zu seinen beiden Söhnen; oder der des Samariters, der den von Räubern Überfallenen in die Herberge nach Jericho brachte, oder wie der der vielen Kranken, die sich durch Jesu Zuwendung aufrichteten. Wer Jesus darin nachfolgen möchte, der braucht die Bereitschaft, aufeinander zuzugehen. Der »neue Weg«

kann anstrengend werden. Gleichzeitig ruft er dazu auf, eigene Irrwege zu erkennen, zu korrigieren und dann umzukehren, wie die Erzählung vom verlorenen Sohn zeigt.

Die christliche Botschaft bekennt: Der Auferweckte lässt seine Anhänger nicht allein, er sendet ihnen den Heiligen Geist. Dieser unsichtbare Geist kann nur in Bildern und Vergleichen beschrieben werden, zum Beispiel als Wind, Sturm, Zungen oder Feuerbrausen. Die christliche Tradition konkretisiert diese Symbole und sagt: Den Geist Gottes erkennt man an seinen Wirkungen. Sie nennt dazu die sieben Gaben des Heiligen Geistes: den Geist der Weisheit, der Einsicht, des Rates, der Erkenntnis, der Stärke, der Frömmigkeit/Spiritualität und der Gottesfurcht.

Diese Gaben – viele nennen sie auch Tugenden oder Werte – sind Wegweiser zur Lebenskunst. Wie können wir diese zugesagten Gaben annehmen und im Alltag leben? In den folgenden sieben Texten finden Sie dazu Impulse.

Weisheit – die Realität schmecken und unterscheiden lernen

Weisheit ist nach christlicher Tradition die erste Gabe des Heiligen Geistes. Was ist damit gemeint? Im Lateinischen heißt Weisheit *sapientia*. Das Wort stammt vom

Verb *sapere*, das bedeutet: verkosten, schmecken, aber auch wissen. Weise ist also der, der die Wirklichkeit des Lebens schmecken kann. Er steht nicht ständig unter Zeitdruck und hetzt nicht. Er hält inne, nimmt den Augenblick wahr und verkostet das, was er über seine Sinne wahrnimmt: was er sieht, hört, spürt, riecht, schmeckt. Der Weise hat Erfahrungen gesammelt und dabei den Geschmack des Guten und des Bösen gekostet. Er weiß, was ihm guttut und was ihm schadet.

Jedes Alter hat seine Weisheit. Die Weisheit eines Kindes ist eine andere als die eines Erwachsenen, auch wenn wir oft ältere Menschen als weise bezeichnen. Weise ist aber auch der Mensch, der in einer Situation spürt und erkennt, wie es um die Sache und die Mitmenschen steht, welche Worte oder welches Handeln in einer konkreten Situation angebracht sind. Weisheit ist mehr als Erfahrung und Wissen.

Weisheit ist eine Gabe, aber wir müssen lernen, den richtigen Geschmack für die Realität zu entwickeln. Also nicht einfach das zu tun, was der »Markt der Möglichkeiten« anbietet, sondern die aktuelle Situation wahrnehmen, prüfen und fragen: Was ist jetzt wirklich wichtig, was stärkt mich an Leib und Seele und was ist für die Beteiligten förderlich? Alles andere ist Zugabe des Heiligen Geistes. Oder, wie es in der spirituellen Tradition der Sufis heißt: »Alle Weisheit lässt sich in zwei Zeilen ausdrücken: Was für dich getan wird – lass zu, dass es getan wird. Was du selbst tun musst – sorge dafür, dass du es tust.«

Damit uns das gelingt, können wir mit dem Buch der Weisheit (9,10f) darum bitten: »Sende die Weisheit ..., damit sie bei mir sei und alle Mühe mit mir teile. ... Denn sie weiß und versteht alles; sie wird mich in meinem Tun besonnen leiten und mich ... schützen.«

Einsicht – hinter die Fassade schauen

Einsicht ist die zweite Gabe des Heiligen Geistes. Oft fehlt sie uns, wenn wir von Informationen und Bildern überflutet werden oder andere ständig von uns etwas fordern oder erwarten. Wir sehen, hören und lesen viel, doch das meiste bleibt an der Oberfläche der Geschehnisse. Wir dringen nicht mehr zum inneren Gehalt einer Nachricht, einer Begegnung oder zu unseren Mitmenschen durch. Wir gewinnen keine Einsicht und spüren: Ich lasse mich oft von anderen beeinflussen, fast bestimmen, und spüre immer wieder meine inneren Widerstände. Ich lebe nicht mehr das, was mir wichtig ist. Was tun? Dazu eine Geschichte:

Zum weisen Sokrates kam ein Freund und sagte: »Höre, Sokrates, das muss ich dir erzählen!« »Halte ein!«, unterbrach ihn der Weise. »Hast du das, was du mir sagen willst, durch die drei Siebe geschüttet?« »Drei Siebe?«, fragte der andere verwundert.

»Ja, mein Freund: Lass sehen, ob das, was du mir sagen willst, durch die drei Siebe hindurchgeht: Das erste

Sieb ist die Wahrheit. Ist das, was du mir erzählen willst, wahr?« »Nun, ich weiß nicht, ich hörte es erzählen und ...« »So, so! Aber sicher hast du es im zweiten Sieb geprüft, dem Sieb der Güte? Ist das, was du mir erzählen willst, wenigstens gut?« Zögernd sagte der andere: »Nein, das nicht, im Gegenteil ...« Sokrates unterbrach ihn wieder und sagte: »Dann lass uns das dritte Sieb anwenden. Ist es notwendig, dass du mir das erzählst?« »Notwendig gerade nicht ...« »Also«, sagte Sokrates lächelnd, »wenn es weder wahr noch gut noch notwendig ist, belaste dich und mich nicht damit.«

Einsicht gewinnt, wer mit Fragen versucht, hinter die Fassade zu schauen. Sokrates zeigt uns einen Weg.

Rat und Klugheit – der Stimme des Gewissens trauen

»Da ist guter Rat teuer!« – Wer so seufzt, weiß nicht mehr weiter. Der Rat, die dritte Gabe des Heiligen Geistes, ist eng verbunden mit der Tugend der Klugheit. Tugend stammt in seiner Sprachwurzel vom Wort »taugen«. Klugheit will Menschen tauglich machen, eine Situation aus verschiedenen Perspektiven zu betrachten und zu fragen, woher etwas kommt, wohin es führen kann und welches Handeln jetzt angemessen ist. Klugheit ist die Tugend des Erkennens und der Unterscheidung, die Gabe des Rates ist wie ihre Antenne, die unterstützende und ermutigende Signale zur praktischen Verwirklichung sendet. Doch jeder Sender braucht einen Empfänger, der aufnimmt und abwägt, der handelt, der Rat annimmt oder gibt und seine Erfahrungen mit anderen teilt.

Im Alltag wird die Gabe des Rates konkret. Da bin ich dankbar, wenn ich in einer schwierigen Lebenssituation Rat erhalte. Aber meist muss ich mit mir selbst zu Rate gehen: eine Situation nicht nur von außen betrachten, sondern auch auf meine innere Stimme hören, klug abwägen und dann entscheiden. Rat ist auch gefragt, wenn mir ein anderer sein Problem anvertraut. Ratschläge helfen da meist nicht, denn sie können auch erschlagen. Hilfreicher sind aufmerksames Zuhören, unterstützende Fragen und Ermutigungen, gemeinsames Suchen nach Antworten. Die Gabe des Rates ist ein Suchen, Geben und Nehmen und ein Vertrauen auf meine innere Stimme: das Gewissen.

Schon in den Lebensregeln des Buches Jesus Sirach heißt es: »Achte auf den Rat deines Gewissens. Wer ist dir treuer als dieses? Das Gewissen des Menschen gibt ihm bessere Auskunft als sieben Wächter« (37,13f).

Erkenntnis und Selbsterkenntnis

Ein Mönch wollte von seinem Abbas wissen: »Warum urteile ich so häufig über meine Mitmenschen?« Der Abbas antwortete: »Weil du dich selbst nicht kennst. Wer sich selbst kennt, sieht die Fehler anderer Menschen nicht.«

Erkenne dich selbst! Dieser viel zitierte Spruch war am Tempel in Delphi angebracht und hat das abendländische Denken geprägt. Über die Philosophie fand die Selbsterkenntnis den Weg in die christliche Tradition, zum Beispiel in Gestalt der vierten Gabe des Heiligen Geistes. Diese aber ist nicht nur Gabe, sondern tägliche Herausforderung.

Das Wort »erkennen« bedeutet: innewerden, geistig erfassen, sich erinnern. So fordert Selbsterkenntnis zunächst innezuhalten, zur Ruhe zu kommen, sich auf etwas zu konzentrieren sowie das geistige Erfassen von Wissen. Wenn ich kein Wissen habe und mich von Gefühlen, Lust und Halbwissen leiten lasse, werde ich manipulierbar. Werbe- und Medienwelt sind dafür aktuelle Beispiele.

Sich selbst zu erkennen heißt zweitens anzuhalten, zu schauen, zu erinnern und sich mit seinen Gedanken, Emotionen und Bildern, die man von sich hat, auseinanderzusetzen. Nur dann kann man sich von Vorstellungen befreien, die man von sich hat und die einen belasten – sei es, dass man nur die eigenen guten Seiten sieht oder sich ständig anklagt.

Selbsterkenntnis ist zudem ein Weg zur Gotteserkenntnis. Er lädt uns drittens ein, still zu werden, mit unserem Innersten in Berührung zu kommen, unsere Gedanken loszulassen, in die Stille zu hören und nachzuspüren, was uns durch unser Leben trägt. Evagrius Pontikus fasste das in dem Satz zusammen: »Nur wer sich selbst erkennt, kann Gott erkennen.«

Stärke – einfühlsam und standhaft

Menschen, die ihre Überzeugungen leben, werden oft unterschiedlich eingeschätzt. Manche bezeichnen sie als unbeweglich im Denken, als unfähig, sich in eine Situation einzufühlen, oder gar als stur. Andere bewundern ihr Stehvermögen, ihre Beharrlichkeit und Stärke. Die Stärke als die fünfte Gabe des Heiligen Geistes meint jedoch noch etwas anderes.

Stärke bedeutet weder körperliche Muskelkraft noch stures Festhalten an Meinungen und erstarrten Traditionen. Damit Leben gelingt, müssen sich Stärke und Mut verbinden. Solch mutige Stärke unterstützt den Menschen, das, was er als richtig erkannt hat, in Wort und Tat zu leben. Ein starker Mensch vertraut seiner Erkenntnis und seinem Herzen. Er zeichnet sich durch Offenheit, Wahrhaftigkeit, Dialogfähigkeit und Geduld aus.

Stärke ist die Schwester des Vertrauens. Wer vertrauen kann, lässt sich nicht so schnell enttäuschen, er läuft nicht davon, bleibt seiner Überzeugung treu und ist bereit, neue Wege zu gehen.

Auch aus Schwäche kann Stärke wachsen, das lebte Jesus von Nazaret in vielfältiger Weise vor. Seine Stärke war seine Schwäche für die Menschen und für Gott. Er war stark in der Zuwendung zu allen Menschen, ob reich oder arm, krank oder gesund, ob erstarrt in religiösen Vorschriften oder ehrlicher Gottsucher. Allen wandte er sich zu – den einen, um sie zu heilen, den anderen, um sie in Worten und Taten aufzuwecken und ihnen zu zeigen: Gott ist ganz anders, als ihr denkt. Dabei war er nicht abhängig von Zustimmung oder Ablehnung. Seine Stärke gewann er aus seiner intensiven Beziehung zu Gott und seinem Einfühlungsvermögen in die Menschen, denen er begegnete.

Spiritualität – geht in euer Herz und lebt den Alltag!

Die sechste Gabe des Heiligen Geistes nennt die christliche Tradition Frömmigkeit. Damit verbinden viele etwas Weltfremdes und Betuliches, einen Glauben, der eher abstoßend als überzeugend wirkt. Ich bevorzuge daher stattdessen trotz des inflationären Gebrauchs das Wort Spiritualität. Es ist offener und dynamischer, und darin wird meiner Ansicht nach »die Erfahrung des Ergriffenseins«, wie Sebastian Painadath es nennt, durch den Geist Gottes spürbar. Was könnte das heißen? Dazu zunächst eine Geschichte:

Ein spiritueller Meister sagte zu einem Geschäftsmann: »Wie der Fisch zugrunde geht auf dem Trockenen, so gehst du zugrunde, wenn du dich in den Dingen der Welt verstrickst. Der Fisch muss zurück ins Wasser. Du musst zurück in die Einsamkeit.« Der Geschäftsmann war entsetzt: »Soll ich mein Geschäft aufgeben und ins Kloster gehen?« »Nein, nein. Behalte dein Geschäft und geh in dein Herz!« (nach Anthony de Mello).

Für Pierre Stutz ist der ein spiritueller Mensch, der sich bemüht wahrzunehmen, was ihn täglich bewegt, was ihn ärgert, was ihm zutiefst guttut, was ihn behindert, was ihn beflügelt, was ihn blockiert – und lernt, danach zu leben. Das ist eine Grundhaltung der Spiritualität.

Von Sokrates wird erzählt, dass er sehr einfach lebte und dennoch oft auf den Markt ging, um dort die angebotene Ware zu betrachten. Als ein Freund ihn fragte, warum er das tue, sagte er: »Ich gehe gerne hin, um festzustellen, wie viele Dinge es gibt, ohne die ich fantastisch gut auskomme.« Spiritualität bedeutet nicht, zu wissen, was man braucht, sondern zu erkennen, was man nicht braucht, um danach zu leben.

Gottesfurcht – Gott ist ganz anders

Gottesfurcht – diese siebte Gabe des Heiligen Geistes ruft in uns zunächst Widerstände hervor. Doch sie bedeutet nicht, vor Gott Angst zu haben. Das würde der biblischen Botschaft widersprechen: »Gott schuf den

Menschen als sein Abbild; ... Als Mann und Frau schuf er sie ... und segnete sie« (Genesis 1,27).

Segnen, lateinisch *benedicere*, bedeutet, dem anderen Gutes zuzusprechen, ihn zu ermutigen, das Gute in sich zu pflegen, es wachsen und reifen zu lassen und die geschenkte Freiheit verantwortlich zu gestalten. Wer so gesegnet ist, der braucht keine Angst zu haben, er darf das Geschenk seines Daseins dankbar annehmen, Gott vertrauen und auf seine Barmherzigkeit hoffen.

Damit jedoch haben heute viele Menschen ein Problem. Die einen können mit Gott nichts mehr anfangen, weil andere »Götter« wie Macht, Gewinn, Sucht, Geld und Erfolg ihnen wichtiger geworden sind. Andere wollen sein wie Gott, wie die kontroversen Diskussionen über den Nutzen des menschlichen Erbgutes oder die aktive Sterbehilfe zeigen.

Schließlich sind wir in Gefahr, an unseren erstarrten Gottesvorstellungen und Bildern zu scheitern. Meine Lebensgeschichte zeigt: Die Vorstellungen von Gott haben sich geändert, das Gottesbild meiner Kinder- und Jugendzeit trägt mich nicht mehr. Theologen sagen uns heute: Gott ist der ganz Andere, der Unfassbare.

Gottesfurcht – das könnte dann heißen: Ich bin herausgefordert, meine alten und neuen Gottesbilder anzuschauen, zu überprüfen und voll Vertrauen Gott als den Größeren und ganz Anderen »in allen Dingen zu suchen« (Ignatius von Loyola). Trotz meiner Schwächen und Fehler darf ich vertrauen und glauben, dass er mich trägt und begleitet.

5.
Als Sinnsucher unterwegs

*Suchender, wisse,
dass der Weg zur Wahrheit
in deinem Inneren liegt.*
QUELLE UNBEKANNT

Sehnsucht nach gelingendem Leben

Sehnsucht – da geht es um mich, meine Gefühle, Hoffnungen und Fragen. Der Kirchenlehrer Augustinus umschreibt diese Situation schon im 4. Jahrhundert treffend: »Im Menschen lebt eine Sehnsucht, die ihn hinaustreibt aus dem Einerlei des Alltags und aus der Enge seiner gewohnten Umgebung.« Das gilt auch heute. Mitten in einer satten Wohlstandsgesellschaft, aber auch in einer Krisensituation hält die Sehnsucht trotz Hektik und Stress, trotz Alltagstrott und Leistungserwartungen im Menschen die Fragen nach dem tieferen Sinn, dem Glück und Gelingen seines Lebens wach – wozu lebe ich? Wie will ich leben?

Die Sehnsucht ist mehr als ein konkreter Wunsch. Wie oft erleben wir, dass die Dinge, die wir uns wünschen, nicht unbedingt diejenigen sind, die wir auch brauchen. Wer von Wunscherfüllung zu Wunscherfüllung eilt, verfällt leicht einer krankhaften Sucht. Sehnsucht ist ernsthafter. Sie fragt nach dem, was mich innerlich bewegt, trägt und vorwärtstreibt. Dabei kann sie eine kreative Energie hervorbringen, Ideen entfalten und zu Aktivitäten führen, die andere als unrealistisch, naiv oder unsinnig beurteilen. Nicht wenige Menschen werden deshalb verachtet, gehasst oder bezahlten ihre Sehnsucht mit dem Leben wie beispielsweise zahlreiche Flüchtlinge in unseren Tagen. Sehnende Menschen wollen eine konkrete Situation verändern und sich nicht mit der scheinbar unveränderlichen Realität abfinden.

Doch Sehnsucht ist zunächst nicht konkret und sie wird nie ganz in Erfüllung gehen. Sie kann auch schmerzhaft sein, doch in ihr steckt eine ungeheure Kraft. Sehnsucht ist der Anfang aller Veränderungen. Worauf immer sie sich richtet: Sie will wahrgenommen, beachtet und geprüft werden.

Wenn zurzeit wieder zahlreiche Menschen nach Santiago de Compostela aufbrechen, dann lockt sie ihre Sehnsucht. Der Verstand fragt, zweifelt und prüft, die Seele sucht und bekommt Beine, der Mensch wird zum Pilger. Seine Sehnsucht begleitet ihn, denn sie »ist die charmante Art Gottes, sich bei uns in Erinnerung zu halten« (Erich Purk), sei es auf Jakobuswegen oder bei der alltäglichen Suche nach einem gelingenden Leben.

Das Tempo herausnehmen

Unsere Zeit ist schnelllebig. Immer mehr soll in kürzerer Zeit getan, rationeller geleistet und schneller erreicht werden – im Sport, in der Wirtschaft, im Verkehr, beim Essen, auf Reisen. Doch etwas schnell zu tun, heißt noch lange nicht, das Richtige zu tun. Das erinnert mich an eine Geschichte: Ein Schweizer Forscher war mit seinen Lastenträgern aus dem Volk der Sherpa im Himalaya unterwegs. Nach einer langen und anstrengenden Teilstrecke legte er eine Pause ein. Doch nach wenigen Minuten rief er wieder zum Weitergehen auf. Die Sherpas weigerten sich und blieben sitzen. Verärgert fragte der Forscher: »Was ist los? Warum geht ihr nicht?« Da antwortete einer: »Ihr habt die Uhr, wir haben Zeit. Unsere Seele ist noch unterwegs, sie braucht Zeit.«

Eine beschleunigte Lebensweise ist häufig ein Zeichen für mangelndes Vertrauen. Viele wollen immer schneller immer mehr, um möglichst viel zu erleben, andere, um auf alle Eventualitäten vorbereitet zu sein. Doch »wer vertraut, wird nichts beschleunigen wollen« (Jesaja 28, 16). Er kann geduldig warten, annehmen und zulassen. Wer das nicht kann, wird von Angst getrieben, denn »die Angst ist die Triebfeder der Beschleunigung« (Anselm Grün).

Es tut daher gut zu entschleunigen, das heißt, anzuhalten, mein Tempo zu reduzieren, mir Zeit zu lassen. Wann und wo beginne ich damit? Der folgende Text möchte uns meditativ dazu einstimmen.

Anhalten

Dann und wann
das Tempo verlangsamen,
anhalten,
in Ruhe wahrnehmen,
was um uns ist,
was uns schützt,
bedroht, erfreut,
fordert, fördert,
und neu einstellen und ausrichten.

Dann und wann
das Tempo verlangsamen,
anhalten,
sich hinsetzen
und sich setzen lassen,
was sich in uns bewegt.
Unsere Strukturen wahrnehmen,
sehen, was und wie wir sind.

Dann und wann
das Tempo verlangsamen,
anhalten,
aus der Tiefe Bilder aufsteigen lassen,
dankbar sein und sehen,
was sie zeigen wollen,
wohin sie uns weisen.

MAX FEIGENWINTER

Pilger sein

Der Zahl der Pilger, die auf regionalen deutschen Jakobuswegen, im benachbarten Ausland oder in Spanien unterwegs sind, nimmt jährlich zu. Auch Wegstrecken, die bisher in Spanien und Portugal als Geheimtipp für ruhiges Pilgern galten, werden immer häufiger begangen. Das äußere Ziel der Sehnsucht dieser Pilger ist, wo auch immer sie starten, der Nordwesten Spaniens, das Grab des Apostels Jakobus des Älteren in Santiago de Compostela. Vielleicht wollen die meisten auch noch weiter zum Cabo finisterre, dem mittelalterliche »Ende der Welt«, zur Grenze also zwischen Endlichem und Unendlichem. Warum?

Wenn die Menschen des Mittelalters nach Santiago de Compostela pilgerten, taten sie das in der Regel aus zwei Gründen: zunächst, weil sie daran glaubten, dass Gott an bestimmten Orten besonders geneigt sei, ihre Gebete und Bitten um Sündenvergebung anzunehmen. Dann, weil sie annahmen, dass der Apostel Jakobus als Jünger Jesu ein besonders einflussreicher Fürsprecher beim letzten Gericht sei. Diese Motive spielen heute kaum mehr eine Rolle. Andere Motive stehen im Vordergrund: aus dem stressigen Lebensalltag aussteigen, eine Krisensituation zu be- und verarbeiten, Abenteuerlust, ein neuer Lebensabschnitt, Natur und Kultur erleben, den Apostel Jakobus verehren, Zeit für sich selbst. Alle Beweggründe verbindet die Erfahrung, dass die Frage:

Wer bin ich? Wozu lebe ich so? Was ist der Sinn meines Lebens? plötzlich oder schon länger in ihrem Leben aufgebrochen ist und nach Antwort verlangt.

Auch Jakobus der Ältere war als Fischer und Jünger Jesu auf der Suche nach dem Sinn seines Lebens. Die Bibel erzählt, dass der Fischer im Familienbetrieb seines Vaters alles stehen und liegen ließ und Jesus nachfolgte. Seine konkreten Beweggründe kennen wir nicht. Wir können aber annehmen, dass auch er ein Suchender war, der nach dem Sinn in seinem Leben suchte. Um Antworten zu finden, begab er sich in die Lebensschule Jesu und zog mit ihm durch Galiläa bis nach Jerusalem. Dabei musste Jakobus seine Feindbilder und Vorurteile, sein egoistisches Streben nach Vorteilen und sein Gesetzesdenken loslassen. Er musste lernen, dass Gott ganz anders ist, als er sich das vorstellte. Bei Gott gilt »nicht verurteilen, sondern versöhnen«. Gesetze »sind für den Menschen da« und statt nach Macht zu streben, sollen die Menschen »Diener aller werden«.

So ist Jakobus nicht nur der Patron der Pilger, sondern auch all derer, die auf dem Pilgerweg ihres Lebens nach dem Sinn ihres Daseins suchen.

Einmalig sein, als Original leben

Alles, was die Natur hervorbringt, ist einmalig, ein Original, keine Kopie. Ebenso der Mensch: Jeder ist einmalig. Dieser Gedanke kann erschreckend sein. Ich bin einzig in meiner Art, fröhlich, traurig, ängstlich, aggressiv, offen, vorsichtig. Ich bin ein Original als Person und mit meiner speziellen Lebensgeschichte, und doch brauche ich Menschen, die mich in meiner Art annehmen – und ich sie in ihrer.

Einmalig sein, diese Erkenntnis stärkt mich. In der biblischen Schöpfungserzählung wird der Mensch als Abbild Gottes bezeichnet, ihm ähnlich, aber nicht gleich. Gott freut sich über seine Geschöpfe und hat jedem Menschen eine Vielfalt von Anlagen als Geschenk mitgegeben.

Einmalig sein – das ist auch der Auftrag, die geschenkten Talente zu entfalten und als Original zu leben. Das ist nicht leicht, denn immer wieder sind wir in Gefahr, uns unterzuordnen oder anzupassen, so zu leben, wie Menschen, Meinungen, Traditionen oder Trends es vorgeben. Als Original geboren, werde ich dann schnell zum Mitläufer, zur Kopie. Ist das der Sinn meines Daseins?

Dazu fällt mir eine fast vergessene Geschichte ein, die ich vor längerer Zeit hörte: Zwei Freundinnen begegnen sich. Die eine ist am Boden zerstört und klagt: »Mein Leben hat einfach keinen Sinn mehr. Ich habe keine besonderen Talente, ich mache nur, was die anderen von mir wollen, ich lebe wie eine Kopie.« »Hast du schon einmal ein Puzzle gelegt?«, fragt die andere. »Ja klar, früher einmal, mit über 3000 Teilen«, lacht die eine. »Ist es da vorgekommen, dass ein Teil verloren ging?«, fragt die andere noch einmal nach. »Ja, einmal fehlte ein Teil aus dem Himmel, doch trotz tagelangem Suchen tauchte es nicht auf. Ich hatte so lange an diesem Puzzle gearbeitet, aber es war einfach nicht vollständig, das sah blöd aus.« Da antwortet die Freundin: »Stell dir einmal vor, alles Leben auf dieser Erde ist ein Riesenpuzzle und jeder Mensch trägt an seinem Platz dazu bei, dass das Ganze sich zu einem Bild zusammenfügt. Dann würde, wenn es dich nicht gäbe, der Welt an einer Stelle etwas Wesentliches fehlen. Vielleicht ein Stück Himmel?«

Vor Gott und den Menschen einmalig zu sein ist Einladung und Herausforderung zugleich: »Habe den Mut, ein Original zu sein!« (Franz Xaver Linsenmann).

Glauben – stell dich auf deine Füße!

»Heute bin ich mit dem falschen Fuß aufgestanden!« Wer das sagt, entschuldigt sich dafür, dass ihm an diesem Tag vieles nicht gelingt. Aufstehen und richtig stehen, das mussten wir als Kind über unzählige Fehlversuche lernen. Selbst dann dauerte es noch lange Zeit, bis wir erwachsen wurden und selbstständig auf eigenen Füßen stehen konnten.

Es ist heute nicht einfach aufzustehen, einen Standpunkt einzunehmen und aufrecht durchs Leben zu gehen. Doch gerade das macht Menschsein aus, es gibt uns ein Gefühl der Würde und Sicherheit. Im Alten Testament spricht Gott zum Propheten Ezechiel (2,1): »Stell dich auf deine Füße, ich will mit dir reden!« Das heißt: Richte dich auf und stehe zu dir. Ich will offen mit dir kommunizieren. Und Jesus fordert den Gelähmten auf: »Steh auf, nimm deine Bahre und geh!« (Joh 5,8).

Der christlichen Religion wird oft vorgeworfen, sie würde die Menschen unterdrücken. In den hier zitierten Texten höre ich eine andere Aufforderung: Steh auf! Stell dich auf deine Füße! Sei beweglich – körperlich, geistig, seelisch – und mach dich auf den Weg zu dir, den Menschen und zu Gott. Finde deinen Standpunkt und greife ins Leben ein – für dich, für andere oder gegen lebensverneinende Tendenzen.

Achtsam gehen

Nach einem anstrengenden und vielleicht auch ärgerlichen Tag sage ich manchmal zu mir selbst: Ich möchte meinen Kopf leeren, meinen Ärger und Frust loslassen – aber wie? Eine Möglichkeit dazu ist das achtsame Gehen.

Achtsames Gehen unterbricht unser »Autobahndenken«, das möglichst schnell von A nach B kommen möchte. Es fordert von mir, meine Aufmerksamkeit zunächst auf mein Gehen zu richten. Gehen heißt, einen Fuß nach dem anderen zu heben und auf die Erde zu setzen, dazwischen stehe ich auf einem Fuß, muss kurz die Balance halten – meist unbewusst – und mit dem anderen Fuß einen neuen Standort finden. Doch gleich gebe ich diesen wieder auf, denn das Wechselspiel der Füße setzt sich fort.

Im Gehen steht nichts fest, alles bewegt und verändert sich. Im Gehen kommt bei mir etwas in Gang. Ich spüre meinen Atem, meine Muskeln, Sehnen, Gelenke, meine Müdigkeit und Energie. Ich werde körperlich lockerer und löse mich aus dem Sog sorgenvoller Gedanken, Ängste und Probleme. Gleichzeitig nehme ich wieder die Umgebung – Farben, Töne, Geräusche, Gerüche, – bewusster wahr. So gewinne ich Abstand, mein Geist wird freier, meine Seele und mein »innerer Pilger« atmen auf. Ich bin unterwegs zu mir selbst und tanke neue Energie.

Achtsames Gehen braucht Übung und Geduld. Immer wieder werden meine Gedanken abschweifen, und ich muss mich neu auf mein Gehen konzentrieren. Ist achtsam Gehen zur hilfreichen Gewohnheit geworden, dann können wir es erweitern: Bekanntlich steckt in einem Sinnspruch oder Psalmvers viel Lebensweisheit. Ich wähle mir einen Spruch als »Geh-Wort« aus oder sehe einmal, welcher Text mir entgegenkommt, wenn ich die Bibel aufschlage, ein Buch, eine Zitatensammlung lese. Ich gehe schweigend mit diesem Spruch und nehme ihn in mein Gehen hinein, indem ich ihn innerlich oder laut ständig wiederhole, ihn »wiederkaue«. Ich achte dabei auf meine Gedanken und Gefühle und frage: Was will dieser Spruch mir jetzt sagen? Am Ende meines Gehens schließe ich mit einem Dank oder Gebet ab.

Zeit – nehmen, haben, gestalten

»Haben Sie Zeit?« »Tut mir leid, ich habe einen Termin.« – »Hast du Zeit?« »Ja, später, wenn ich meine Sache erledigt habe.« – »Hast du Zeit?« »Nein, heute nicht. Ich muss ganz schnell weg.« Solche Dialoge kennen wir alle. Sie zeigen: Zeit ist ein knappes Gut, das man nicht ohne Weiteres hergibt. Ich habe keine Zeit – sage ich das auch oft? Und wenn ja: In welcher Situation? Einfach nur so oder um zu zeigen, wie wichtig ich bin oder aus einem anderen Grund?

In seinem »Kleinen Prinzen« erzählt Antoine de Saint-Exupéry die Geschichte von einem Händler, der durststillende Pillen verkauft. Man schluckt jede Woche eine und hat dann kein Bedürfnis mehr zu trinken. »Das ist eine große Zeitersparnis«, sagt der Händler. »Man spart dreiundfünfzig Minuten in der Woche.« »Und was macht man in diesen dreiundfünfzig Minuten?«, fragt der kleine Prinz. »Man macht damit, was man will«, antwortet der Händler. »Wenn ich dreiundfünfzig Minuten übrig hätte«, sagt der kleine Prinz, »würde ich ganz gemächlich zu einem Brunnen laufen ...«

Verhalten wir uns nicht oft wie dieser Händler? Wir bemühen uns Zeit zu sparen, um sie sofort wieder für neue Aktivitäten zu verplanen. Und dann jammern wir, dass wir keine Zeit haben. Warum nehmen wir uns nicht die freie Zeit, um sie ganz gemächlich mit dem zu verbringen, was uns an Leib und Seele und was unseren Mitmenschen guttut?

Was könnte ich ganz konkret tun? Ein etwas bearbeiteter und ergänzter irischer Segenstext gibt dazu Anregungen:

Nimm dir Zeit, um zu arbeiten,
das ist der Preis des Erfolgs.
Nimm dir Zeit, um zu lesen und nachzudenken,
das ist die Quelle der Kraft.
Nimm dir Zeit, um in die Stille zu gehen,
sie öffnet dir die Tür zu dir selbst und zu Gott.
Nimm dir Zeit, um zu spielen,
das ist das Geheimnis, deine Kreativität zu entfalten.
Nimm dir Zeit, um freundlich zu sein,
das ist das Tor zum Glücklichsein.
Nimm dir Zeit, um zu lieben,
das ist die wahre Lebensfreude.

Gehen, teilen, glauben

Die biblische Erzählung von den beiden Jüngern, die nach dem Tod Jesu am Kreuz nach Emmaus gehen (Lk 24,13–35), beschreibt eine Erfahrung, die auch für uns heute noch von Bedeutung ist.

Zwei Männer – es könnten ebenso Frauen sein – fliehen vom Ort ihrer enttäuschten Sehnsüchte und machen sich auf nach Emmaus. Nichts hält sie mehr in Jerusalem, denn alles, worauf sie in den vergangenen Jahren gehofft und ihr persönliches Leben aufgebaut hatten, ist zerstört: Jesus von Nazaret wurde gekreuzigt und ist gestorben. Sie sind total enttäuscht und wollen resigniert aus dem Chaos ihrer Hoffnungen, Gefühle und Ängste ausbrechen. Doch einfach flüchten – ist das die Lösung?

Unterwegs begegnet ihnen Jesus als fremder Wanderer. Doch zu diesem Zeitpunkt sind sie wie blind unterwegs auf einem Abschnitt ihres Pilgerweges, denn sie erkennen ihn nicht. Doch einfühlsam geht er mit ihnen ihren Weg, hört sich ihre Enttäuschung, Zweifel, Ängste und Sorgen an, spricht mit ihnen, fragt nach, ermutigt sie und richtet sie auf. In Emmaus angekommen, laden die beiden Männer ihn ein: »Bleibe bei uns!« Dort beim Mahl segnet er das Brot und teilt es mit ihnen. Dieses Zeichen öffnet ihnen die Augen für eine neue Sicht ihrer Sehnsucht nach dem Sinn ihres Lebens. Die Botschaft dieser Geschichte können wir mit folgendem Text meditieren und unseren Alltag betrachten:

Gehe, teile, glaube!

Gott wird dir unterwegs
täglich auf dem Pilgerweg deines Lebens begegnen,
egal, ob du einfach abschalten willst,
ob du voller Sehnsucht darauf hoffst,
ob du ängstlich flüchtest
oder dich versteckst.

Er wird dir als Fremder begegnen,
solange du blind bist,
als Wegbegleiter,
der mit dir geht,
als Wegweiser,
an dem du dich orientieren kannst,
als Wegkreuzung,
an der du dich entscheiden musst,
als Wort,
das dich ermutigt, neue Wege zu gehen,
als Freund,
der dir zuhört,
als Mensch,
der mit dir am Tisch sitzt und teilt,
als ein Zeichen,
an dem du dein Leben ausrichten kannst.
PETER MÜLLER

Innere Zerrissenheit überwinden

Vielen Menschen fühlen sich heute innerlich zerrissen. Sie haben den Eindruck, hin und her gerissen zu sein zwischen konkurrierenden Erwartungen im Beruf, eigenen Wünschen, äußeren Anforderungen, ehrenamtlicher Tätigkeit, Familie und Freizeitangeboten. Sie suchen und finden keine innere Ruhe. Dazu eine Geschichte:

Ein Vater arbeitet an seinem Schreibtisch. Seine Frau ist für einige Stunden unterwegs, daher darf der Sohn im Arbeitszimmer spielen. Er ist laut und stört den Vater immer wieder durch seine Fragen. Spontan greift er nach einer alten Zeitschrift und trennt ein Blatt heraus, auf dem eine Weltkarte abgedruckt ist. Er zerreißt sie in viele kleine Teile, gibt sie dem Sohn und sagt: »Hier hast du ein neues Puzzle. Setze die zerrissene Welt wieder zusammen.« Er hofft, nun habe er seine Ruhe. Doch viel zu schnell kommt der Sohn stolz mit der zusammengesetzten Weltkarte wieder zu ihm. Der Vater staunt: »Wie hast du das gemacht?« »Das war ganz einfach. Auf der Rückseite der Karte war ein großes Bild von einem Menschen. Ich brauchte ihn nur zusammensetzen, dann war auch die Welt wieder ganz.«

Der Sohn achtet nicht auf die zerrissene Welt, sondern konzentriert sich auf den zerrissenen Menschen. Er fügt die einzelnen Teile des Menschen zusammen, gibt ihm so sein Gesicht, seine Ganzheit, sein Ansehen wieder. Damit bringt er auch die Welt wieder in Ordnung. Aus Zerrissenheit wird Einheit.

Der Sohn ruft uns die Botschaft Jesu in Erinnerung, die dieser täglich lebte: Gott ist ein Liebhaber der Menschen! Er lädt uns ein, unsere innere Zerrissenheit zu überwinden und uns nicht von Menschen und sogenannten Tatsachen bestimmen zu lassen. Gott ruft uns zu: Die frohe Botschaft, die Jesus verkündete und lebte und für die er starb, sie ist wahr! Ich habe sie bestätigt, denn der Gekreuzigte lebt als der Auferweckte. Vertraut ihr, lebt danach und eure Zerrissenheit wird heilen.

Schalom – Friede sei mit dir!

»Friede sei mit dir« – so lautet ein altes Segenswort, das auch heute noch häufig gesprochen wird. Wer anderen Frieden wünscht, sagt ihm: Es gibt etwas, das uns bei aller Verschiedenheit verbindet, und zwar der Wunsch, in Frieden offen, ehrlich und einfühlsam miteinander zu leben.

»Friede sei mit euch« – so grüßt der Auferstandene die versammelten Jünger, als er in ihre Mitte tritt. Wir können uns auch vorstellen, dass Jesus mit diesem Wort auf die Menschen zuging, wenn er in ihr Haus trat, um mit ihnen zu essen, zu trinken, zu feiern und sich ihre Sorgen anzuhören: »Schalom – Friede sei mit dir!«

Schalom – dieser Gruß wird heute noch als Segenswunsch gesprochen. Doch was ist ein Segen? Ein Ritual, das kirchlich beauftragten Amtspersonen vorbehalten ist? Segnen bedeutet, einem anderen Gutes zuzusprechen, ihn zu ermutigen und ihm zu wünschen, dass das Gute in ihm wachse und gedeihe. Es darf also jede und jeder anderen Menschen Gutes zusprechen und dabei auch Segensworte verwenden wie »Gott schütze dich«, »Gott möge dich begleiten«, »Der Friede sei mit dir« oder einen Pilgersegen, wie es zu Beginn einer Pilgerwanderung und täglich als Start in den neuen Pilgertag seit dem Mittelalter üblich ist. Wer segnet, der stellt nicht sich in den Vordergrund, sondern den Zuspruch: So möge es sein. Segensworte sind aber nicht als magische Zaubersprüche zu missdeuten. Sie schenken Vertrauen und Kraft, dass vieles möglich ist, aber nicht alles in unserer Macht steht.

Angeregt durch einen Kalenderimpuls von Anselm Grün verwende ich bei Pilgerwanderung das Kreuzzeichen mit aktuellen Wünschen als Segen in den Tag.

Es segne uns Gott, der Vater,
der uns den Atem des Lebens schenkte.
Er lasse uns heute immer wieder innehalten und Atem holen.
Es segne uns Jesus, der Sohn,
der uns Gott als barmherzigen Vater
durch Worte und Taten vorlebte.
Er öffne uns Sinne und Herz für die Situation der Menschen,
denen wir heute begegnen.
Es segne uns Gott, der heilige Geist,
die göttliche Kraft in uns.
Möge sie unsere Sinne öffnen,
damit wir die Spuren Gottes
in seiner Schöpfung
und im Alltag wahrnehmen.
PETER MÜLLER

6. Energiequellen achtsam nutzen

Nicht Vielwissen sättigt und befriedigt die Seele, sondern das Verspüren und Verkosten der Dinge von innen her.
IGNATIUS VON LOYOLA

Auszeit!

Der Wunsch, eine Auszeit vom Alltag zu nehmen, ist eine beinahe menschheitsalte Erfahrung, die sich auch im Neuen Testament wiederfindet. Von Jesus wird erzählt: Er »zog sich mit seinen Jüngern an den See zurück« (Mk 3,7). An anderer Stelle lädt er sie ein: »Kommt mit an einen einsamen Ort, wo wir allein sind, und ruht ein wenig aus« (Mk 6,3).

Das kennen wir von uns selbst, dass wir den Wunsch haben, uns an einen See, einen einsamen Ort oder auf einen Berg zurückziehen, ruhig auf das Wasser zu blicken oder auf den Berg zu steigen, das Alltägliche im Tal zu lassen, in die Weite zu schauen. Solche Orte beruhigen. Sie helfen uns, innerlich Abstand zu gewinnen.

Ähnliches erleben wir während eines Spaziergangs, beim Joggen oder beim Walking, beim Schwimmen oder Yoga. Unser Kopf wird frei von Gedanken, die uns beschäftigen, ärgern oder bedrücken. Damit sind wir offen für eine neue Sicht auf das, was sich in unserem Kopf immer wieder herumdreht.

Doch was kann man in einer solchen Auszeit tatsächlich tun? Von Jesus wird berichtet, er »ging an einen einsamen Ort, um zu beten« (Mk 1,35), das heißt, er suchte in der Stille den Kontakt mit Gott. Vielleicht suchen wir zunächst den Kontakt zu uns selbst und genießen die Stille. Vielleicht fragen wir aber auch: Was ist wichtig in unserem Leben? Verwenden wir dafür unsere Energie oder verbrauchen wir sie für Nebensächliches? Was sollten wir ändern?

Der Alltag schenkt uns viele Gelegenheiten für kurze Auszeiten: ein Innehalten nach dem Weckerklingeln und vor dem Aufstehen am Morgen; das Warten auf den Bus oder die Bahn; eine bewusst gewählte Arbeitspause; ein Spaziergang, das Einkehren in einer Kirche, ein Innehalten vor dem Einschlafen. Es liegt an uns, Gelegenheiten zu erkennen und sie zu nutzen.

 An welche Orte kann ich mich zurückziehen, um Abstand zu gewinnen?

Rhythmen des Lebens

Rhythmen bestimmen unser Leben: Tag und Nacht, ein- und ausatmen, anspannen und entspannen, Arbeit und Freizeit, wachen und schlafen. Einige Rhythmen nehmen wir wahr, andere beachten wir nicht oder leben sogar gegen sie, sei es aus Gewohnheit, aus innerem Drang oder erzwungen durch äußere Bedingungen. Manche Menschen sind Nachtschwärmer, andere sind Schichtarbeiter, den nächsten diktieren steigende Erwartungen der Vorgesetzten und Kunden das Arbeitstempo. Zeit ist Geld, kurze Pausen und wenig Freizeit bestimmen den Lebensalltag vieler. Hinzu kommt die steigende Erwartung, ständig erreichbar zu sein und jede Pause für mediale Kontakte zu nutzen.

Für viele ist das selbstverständlich und (noch) nicht belastend. Doch wer seine natürlichen Rhythmen ständig missachtet, stört sein inneres Gleichgewicht.

Wir achten leider erst dann auf den Herzrhythmus, wenn unser Herz »sticht« oder »stolpert«. Wir essen erst dann bewusster und langsamer, wenn der Magen schmerzt. Natürliche Rhythmen sind wichtige Ordnungsprinzipien und Energiequellen für ein gesundes Leben.

Wer heute im Getriebe des Alltags keine Ruheinseln für sich findet, sollte daher immer wieder die Rhythmen seiner Tages-, Freizeit- und Arbeitsgestaltung überprüfen.

Welcher Rhythmus bestimmt zurzeit meinen Tag, die Woche, mein Wochenende?
Wie erlebe ich Störungen, zusätzliche Wünsche und Anforderungen in meinem Tagesablauf?
Wie gehe ich damit um?
Welchen Rhythmus will ich in Zukunft beachten?
Was müsste und was will ich dann ändern?

Pilgern als Energiequelle

Schnell, mobil, fit und erfolgreich zu sein – das sind kaum hinterfragte Werte unserer Zeit. Was so wertvoll erscheint, führt häufig zu einer seelisch belastenden Lebensweise. Oft liegen die Nerven blank. Kein Wunder, dass viele stöhnen: »Ich bin urlaubsreif.« Was tun?

»Ich bin dann mal weg« – sagen viele und pilgern zu Fuß auf einem der zahlreichen Jakobuswege oder begeben sich auf heimische Wanderwege. Wer dabei achtsam und mit allen Sinnen geht, kann unterwegs viel entdecken.

Mein Weg führt unerwartet über eine Autobahnbrücke. Unter mir die rauschenden Reifen rasender Autos in beide Richtungen. Schnell möchte ich dem Lärm entfliehen, doch dann erinnere ich mich: Wenn ich selbst da unten fahre, rase ich mit, produziere den gleichen Lärm, die gleichen Abgase. Hier auf der Brücke kommt mir das alles irre vor, so als wären alle Jäger und Gejagte in einem oder seien auf der Flucht. Im Weitergehen beschäftigt mich die Frage: Was heißt das für mich und mein zukünftiges Handeln? Auf was will ich in Zukunft achten?

Mein Weg zieht sich durch eine fruchtbare Ebene. Auf beiden Seiten wogen im leichten Wind die Halme der Getreidefelder, dazwischen und am Wegrand roter Mohn, blaue Kornblumen, malerische Wolken ziehen am Himmel. Der Weg steigt an, ich gehe langsamer, das Atmen wird schwerer, doch hinter jeder Biegung eine neue

Sicht, neue Eindrücke. Der Weg scheint sich im Wald zu verlieren, doch ein Pfad führt bis zur Anhöhe. Ich genieße den Blick in die Weite, den erfrischenden Wind, die angenehme Wärme der Sonne. Ich fühle mich frei und spüre die Energie, die mir diese Erfahrung schenkt.

Der Weg ist ein Bild für unser Leben. Im Zeitalter von Autos und Flugzeugen vergessen wir das leicht. Von Jesus ist der Spruch überliefert: »Schmal ist der Weg, der zum Leben führt, und wenige sind es, die ihn finden.« Ein hartes Wort, es könnte bedeuten: Im rasenden Verkehr kannst du deinen Weg nicht finden. Wohl aber abseits von asphaltierten Straßen, auf steinigen, staubigen, ansteigenden und abfallenden Wegen, rechts und links Gebüsch, Dornen, Heckenrosen. Erfülltes Leben finden wir nicht dort, wo alle fahren und rennen. Wir erleben es da, wo wir langsam und achtsam gehen, neue Kräfte sammeln und uns an Leib und Seele Gutes tun.

Das Geheimnis des Atems

Atem ist Leben für Menschen, Tiere und Pflanzen. Atmen gehört zu den wichtigsten Rhythmen menschlichen Lebens. Mit jedem Atemzug nimmt der Mensch Sauerstoff auf, verwandelt ihn in Lebensenergie und gibt beim Ausatmen Kohlendioxid ab. Dieses verwenden Pflanzen und Bäume mithilfe der Sonne, um neuen Sauerstoff zu produzieren, der wiederum unser Atmen ermöglicht. Der Atemrhythmus ist ein Kreislauf von Geben und Nehmen, in dem Mensch und Natur miteinander verbunden und aufeinander angewiesen sind. Das ist das erste Geheimnis des Atems.

Von einem zweiten erzählt die biblische Schöpfungsgeschichte: Gott formte den Menschen »und blies in seine Nase den Lebensatem. So wurde der Mensch zu einem lebendigen Wesen« (Gen 2,7; das hebräische Wort *ruach* bedeutet Atem und Leben). Der Atem und unser Leben sind ein göttliches Geschenk. Über unser Atmen haben wir Anteil am Atem Gottes.

In vielen Kulturen wird das Atmen auch bewusst als therapeutischer Weg genutzt, um körperlich, geistig und seelisch zu entspannen. Bewusstes Ein- und Ausatmen kann zu einem heilsamen Weg zu mir selbst werden – auf Pilgerwegen und im Alltag. Es regt an, der Balance in mir nachzuspüren. Verbunden mit Meditation, Gebet oder langsamem Gehen öffnet ruhiges und rhythmisches Atmen ein Tor zu spiritueller Erfahrung und achtsamem Leben.

Ich nehme mir täglich 10 bis 15 Minuten Zeit, schließe die Augen und konzentriere mich auf mein Ein- und Ausatmen. Wenn meine Gedanken abschweifen, konzentriere ich mich erneut auf mein Ein- und Ausatmen. Ich genieße die Stille und Ruhe, ich erlebe bewusst das Geschenk meines Atems. Wenn ich ruhiger geworden bin, spreche ich mit jedem Ein- und Ausatmen innerlich zu mir: »Gott atmet in mir.« Schließlich danke ich für diese Erfahrung und beende die Übung mit drei tiefen Atemzügen.

Der Atem
ist der Atem
der Gnade Gottes,
und dieser
Atem ist es,
der die Seele
zum Leben erweckt.
SUFI-WEISHEIT

Heilige Orte

Gerade im Urlaub oder während einer Auszeit erkunden wir häufig neue Länder oder, etwas allgemeiner, uns unbekannte Orte. Immer wieder treffen wir dabei entlang unserer Wege auf Kapellen, Kirchen oder Kathedralen. Es sind Orte des Glaubens, die häufig seit mehreren Generationen als solche genutzt werden, Orte der Ruhe und des Gebetes. Andererseits zeugen sie aber auch von der Geschichte und Kultur einer bestimmten Zeit. Sie laden uns ein, innezuhalten, still zu werden und unsere lärmenden Gedanken zu beruhigen.

Wenn ich jemanden besuche, falle ich nicht mit der Tür ins Haus, ich grüße zunächst an der Tür und bin mir auch sonst bewusst, dass ich hier Gast bleibe. Gleiches gilt, wenn ich eine Kirche besuche; Ich bin Gast und darf mich so, wie ich jetzt bin – als Pilger, Kunstinteressent oder Urlauber – einbringen, den Kirchenraum als Ganzes wahrnehmen, den Raum begehen und Details anschauen. Das alles tue ich jedoch achtsam und respektvoll, wie es in einem fremden Haus nach der Begrüßung angemessen ist.

Dazu eine Anregung:

- Ich trete langsam und still über die Schwelle – vom profanen Bereich in den sakralen Raum.
- Nach einer Begrüßung (Verneigung, Kreuzzeichen) bleibe ich still im Eingangsbereich stehen. Ich nehme den ganzen Raum wahr: Größe, Höhe, Säulen, Dunkelheit, Licht, Farben.
- Ich suche einen Platz in der Kirche, der mich anspricht. Ich sitze still da, achte auf Geräusche und Gerüche, spüre meinem Atem nach und versuche meine Gedanken loszulassen oder zu ordnen – und verweile.
- Ich erinnere mich an einige religiöse Erfahrungen meiner Kinder- und Jugendzeit oder ich denke an meine heutige Nähe oder Distanz zu Glaube und Kirche oder ich halte Gott in freien Worten – so, wie es mir im Moment möglich ist – meine Gedanken hin: Sorgen, Freude, Lob, Bitten, Dank.

- Wenn ich diese Kirche noch nicht kenne, erkunde ich sie und informiere mich über diesen »heiligen Ort«, seine Geschichte, die Kunst.
- Ich verabschiede mich mit einem Ritual oder Dank und trete wiederum aus dem sakralen in den profanen Bereich.

Begegnungen als Kraftquelle

»Alles wirkliche Leben ist Begegnung« (Martin Buber). Ob zu Hause oder in der Fremde: Unser Alltag, aber auch unsere Auszeiten und Urlaubszeiten sind meist von unterschiedlichsten Begegnungen geprägt: beim Wandern, im Konzert oder Theater, auf einem Berggipfel, bei einer Rundreise oder am Strand, mit einem spannenden Buch, beim Spielen mit den Kindern oder bei einem Krankenbesuch. Jede Begegnung ist, auch wenn wir das nicht sofort erkennen, ein Geschenk. Wir lassen uns auf etwas Unbekanntes, auf das Geheimnis gerade dieser Begegnung ein und schöpfen daraus neue Lebensenergie für unsere Begegnungen im Alltag. Begegnungen haben viele Gesichter und hinterlassen in uns die unterschiedlichsten Eindrücke. Einige entdecken wir in folgendem Text.

Da begegnet mir einer
mit leeren Händen
und beschenkt mich reich
mit seiner Anwesenheit.

Da begegnet mir einer,
der spürt, was mit mir los ist,
geht ein Stück Weg mit mir
und richtet mich auf.

Da begegnet mir einer,
der mir seine Sorgen erzählt,
weil er mir zutraut,
sie mit mir zu teilen.

Da begegnet mir einer,
wir gehen miteinander,
finden einen Rhythmus
verbunden im Schweigen.

Da begegnet mir einer,
zeigt auf die Blume am Weg
und öffnet meine Sinne
für das Einfache.

Da begegnet mir einer,
es öffnet sich
ein Stück Himmel auf Erden
und jeder geht beschenkt seinen Weg.

PETER MÜLLER

Gute Gedanken für ein glückliches Leben

Häufig wollen wir abschalten, zur Ruhe kommen oder schlafen, doch dann spüren wir, dass unsere Gedanken uns davon abhalten. Eine aktuelle Situation und damit verbundene Gefühle wie Ärger, Neid, Enttäuschung, Zorn, Angst, Eifersucht oder Traurigkeit belasten uns. Wir sind besorgt, suchen nach Erklärungen und Lösungen, klagen uns selbst oder andere an. Unsere Gedanken kreisen im Kopf, wir können sie nicht loslassen und finden keine Ruhe. Was können wir dann tun? Dazu eine Geschichte aus der Tradition der christlichen Mönche:

Ein Mönch fragte einen Älteren: »Vater, ich habe vielerlei schlechte Gedanken und komme durch sie nicht zur Ruhe.« Der Alte führte ihn ins Freie und sagte zu ihm: »Breite dein Obergewand aus und halte damit die Winde auf!« Der Mönch antwortete: »Das kann ich nicht, das ist unmöglich!« Da antwortete der Alte: »Wenn du das nicht kannst, dann kannst du auch die Gedanken nicht daran hindern, zu dir zu kommen. Aber es ist deine Aufgabe, ihnen zu widerstehen!«

Wir können unsere belastenden Gedanken nicht verhindern, doch wir sollten sie erkennen, ihren Einflüssen widerstehen und sie verwandeln. Wenn ich mich über einen Menschen ärgere, der mich ständig hochnäsig behandelt und verletzt, dann steckt in meinem Ärger auch der gute Impuls mich zu schützen, abzugrenzen und mir Gutes zu tun. Der

Mensch wird, was er denkt. Marc Aurel, ein römischer Kaiser des ersten Jahrhunderts, formuliert es so: »Das Glück des Lebens hängt von der Beschaffenheit deiner Gedanken ab.« Sie sind die Quelle unseres Handelns, oder, wie es Johann Wolfgang von Goethe sagte: »Unsere Wünsche sind Vorgefühle der Fähigkeiten, die in uns liegen, Vorboten desjenigen, was wir zu leisten imstande sein werden.«

Wurzeln spüren

»Bäume sind Gedichte, die die Erde in den Himmel schreibt«, meint Khalil Gibran. Diese sichtbaren »Gedichte der Schöpfung«, an deren Blütenpracht wir uns im Frühling erfreuen und deren Früchte wir später genießen, werden getragen und ernährt von unsichtbaren Wurzeln. Aus ihnen wächst und nährt sich der Baum.

Schon von Beginn an bleiben die Wurzeln tief in der Erde. Im Schutz der Dunkelheit und Stille treiben sie, strecken sich aus, wachsen in die Tiefe, halten sich fest an Steinen und Felsen und verankern den Baum im Boden. Im zurückgezogenen Alleinsein nähren sie sich von der Mutter Erde und entwickeln wachsende, tragende, blühende, fruchtbringende und heilende Kräfte. Durch die Wurzeln wird der Baum nicht nur zum Gedicht, durch sie gewinnt er Stand und festen Halt, durch sie lebt er den Rhythmus der Jahreszeiten. Oder, wie Hermann Hesse es formuliert: »Bäume sind wie Heiligtümer. Wer mit ihnen zu sprechen, wer ihnen zuzuhören weiß, der erfährt die Wahrheit. Sie predigen nicht Lehren und Rezepte, sie verkünden das Urgesetz des Lebens.«

Bäume sind Gleichnisse menschlichen Lebens. Auch wir brauchen wachsende und tragende, nährende und Halt gebende Wurzeln. Nur wer verwurzelt ist, steht auch im Leben fest, kann sich im Alltag orientieren und weiterentwickeln, hält die Hitze und Kälte, den Regen und die Stürme des Lebens aus, blüht auf und trägt Früchte.

Wurzeln brauchen Pflege. Da muss der Boden gelockert, Wasser und Dünger müssen zugeführt werden. Wurzeln brauchen Phasen der Ruhe und Erholung, um neue Kräfte zu sammeln. Gleiches gilt für die Wurzeln meines Lebens.

Die Wurzeln eines Baumes sind ein Bild für die Energie, die in uns steckt. Ich kann meinen Wurzeln nachspüren und mich fragen: Aus welchen Wurzeln lebe ich? Was gibt mir Halt und Energie? Pflege ich meine Lebenswurzeln ausreichend? Welche vernachlässige ich in letzter Zeit? Was will ich für sie tun?

Dankbar leben

Ratgeber für ein glückliches Leben überschwemmen den Buchmarkt. Die Werbung redet uns täglich ein, was wir zum Glück brauchen. Aber warum sind wir nicht alle glücklich?

Der Mönch David Steindl-Rast meint, weil wir eine »ziemlich undankbare Gesellschaft« seien. Unermessliche Ansprüche, die Angst, etwas zu verpassen, egoistisches Denken, vieles wird als selbstverständlich angenommen. Wir sind nicht mehr zufrieden mit dem, was wir haben. Doch nur wer dankbar ist, erlebt sich als zufrieden und glücklich.

Können wir Dankbarkeit lernen? Das Wort »danken« hat die gleiche Wortwurzel wie »denken«. Wer bewusst nachdenkt und seine Aufmerksamkeit immer wieder auf das ausrichtet, was sein Leben bereichert, was er erlebt und was er ist, der begibt sich auf den Weg der Dankbarkeit. Dazu eine Geschichte:

Es war einmal eine Frau, die glücklich und zufrieden lebte. Viele Menschen beneideten sie, weil sie eine echte Lebenskünstlerin war. Die Frau verließ niemals ihr Haus, ohne eine Handvoll getrocknete weiße Bohnen mitzunehmen. Sie tat dies nicht etwa, um die Bohnen zu kauen, nein, sie steckte sie einfach in die rechte Tasche ihrer Jacke. Jedes Mal, wenn sie tagsüber etwas Angenehmes erlebte – den Sonnenaufgang, das Lachen eines Kindes, eine kurze Begegnung, ein gutes Essen, ein Gespräch, einen schattigen Platz in der Mittagshitze –, nahm sie dies bewusst wahr, freute sich darüber von Herzen und ließ eine Bohne von der rechten Tasche in die linke Tasche gleiten. War das Erlebnis besonders schön oder überraschend, wechselten zwei oder drei Bohnen die Seite. Abends nahm sich die Frau ausreichend Zeit und zählte die Bohnen in der linken Tasche. Sie zelebrierte dieses Ritual täglich und führte sich dankbar vor Augen, wie viel Gutes sie heute erlebt hatte. Auch wenn sie manchmal nur eine Bohne zählte, war der vergangene Tag für sie doch ein gelungener Tag. Es hatte sich gelohnt zu leben.

Wer seine Gedanken wieder bewusst auf die Dinge des Alltags und das tägliche Leben um sich herum richtet, wird erleben, dass den Sinnen und Gedanken das Gefühl folgt – er wird zufrieden und dankbar für das, was er hat und erlebt.

 Wofür bin ich heute dankbar? Wie geht es mir, wenn ich an einzelne Situationen denke, die ich heute erlebt habe?

Lachen ist die beste Medizin

»Lachen ist die beste Medizin«, diesen Spruch kennen wir alle. Die heutige Therapie versteht Lachen als einen Gesundbrunnen. Es belebt den Atem, verbessert die Lungenfunktion, versorgt das Gehirn mit Sauerstoff, massiert die Gesichtsmuskeln und die inneren Organe. Lachen lässt uns aktuelle Sorgen für eine gewisse Zeit vergessen und baut Stress ab. Lachen ist ein »Luxusreflex«, der Leib und Seele guttut.

Wann lachen wir im Alltag? Zuallererst, weil wir uns über etwas freuen, dann über einen gelungenen Witz, meist sind wir auch (hoffentlich) fähig, über unser eigenes Missgeschick zu lachen. Manchmal erleben wir auch ein künstliches Lachen oder ein Lachen, das andere erniedrigt und verletzt. Lachen als Medizin ist jedoch anders, es wirkt aus der Freude dessen, der lacht und andere zum Lachen bringt.

Ein Mönch erzählte mir, wie er zu seinem Mönchsnamen kam. Er konnte sich nicht zwischen drei Namen entscheiden, die er sich ausgesucht hatte. Nach langem Hin und Her und kurz vor der anstehenden Entscheidung rief ihn der Abt zu sich und fragte: »Welchen Namen hast du nun gewählt?« Der junge Mönch hatte sich immer noch nicht entschieden. Da sagte der Abt: »Du bist ein fröhlicher Mensch und mit deinem Lachen steckst du viele Menschen an. Ich gebe dir den Namen Isaak, er bedeutet: der, der lacht.«

Wer froh und ehrlich lacht, steckt andere an, so wird Lachen zur Medizin für ihn selbst und andere.

In schwierigen Situationen Sinn finden

Das Leben stellt uns täglich vor neue Fragen und fordert von uns Antworten. Wir überlegen: Warum ist das so? Warum muss das gerade mir passieren? Warum gerade jetzt? Fragen nach dem Warum führen oft nicht weiter. Wir sammeln dazu oft nur Gründe und Schuldzuweisungen und finden meist keine sinnvollen Antworten.

Viktor E. Frankl, der Gründer der Logotherapie, schlägt in solchen Situationen vor: Verzichte auf die Warum-Frage und frage dich lieber: Wozu bin ich in dieser Situation? Wozu begegnet mir dieser Mensch? Wozu beschäftigt mich dieses Problem? Wozu lebe ich so? Welche Antworten finde ich? Was könnte ich tun oder was müsste ich ändern?

Wenn ich so frage, dann nehme ich eine Situation, das Problem, die Menschen und mein Verhalten aus einer neuen Perspektive wahr. Ich klage nicht ständig, wie schlecht es mir geht, ich mache nicht andere oder die Gesellschaft dafür verantwortlich. Ich frage stattdessen: Wozu fordert mich mein Leben jetzt heraus? Damit beginne ich, nach dem Sinn einer aktuellen Situation für mich und andere zu suchen. Welche Antworten finde ich? Tragen sie zum Gelingen meines Lebens und das anderer bei? Wozu-Fragen erweitern meinen inneren Freiraum, ich erkenne neue Handlungsmöglichkeiten und kann kritischer und besser mit den verführerischen Versprechungen und den Herausforderung meines privaten und gesellschaftlichen Lebens umgehen. Denn das gilt auch für mich: »Der Mensch hat genug, wovon er leben, aber zu wenig, wofür er leben kann« (Viktor E. Frankl).

7.
Spuren Gottes wahrnehmen

*Das unfassbare Wunder der biblischen Offenbarung
besteht darin, dass Gott sehr anders ist, als wir gedacht,
und sehr viel besser, als wir befürchtet haben.*

RICHARD ROHR

Gott suchen im Alltag

Wer in einer Internetsuchmaschine den Begriff »Gott« eingibt, erhält als Ergebnis ca. 137.000 Webseiten, um dazu nachzulesen. Ob ich da meine Suche nach ihm nicht gleich aufgebe? Ein Gott in allen Variationen und ohne Profil? Aber vielleicht geht es Gott umgekehrt genauso – wer will sich bei einem solchen Ergebnis noch zeigen? Eine jüdische Geschichte (gekürzt und bearbeitet vom Autor) erzählt:

Der Enkel eines Rabbis spielte einst mit einem anderen Jungen. Er versteckte sich und wartete, dass ihn sein Spielgefährte suchte. Nachdem er lange gewartet hatte, kam er aus seinem Versteck, doch der andere war nirgends zu sehen. Der Enkel erkannte, dass der Junge ihn gar nicht gesucht hatte! Darüber musste er weinen. Er lief zu seinem Großvater und beklagte sich über seinen Spielgefährten. Da wurde der Rabbi traurig und sagte: »So klagt auch Gott: Ich verberge mich und keiner will mich suchen.«

Hält sich Gott versteckt? Wie kommen wir damit zurecht? Lassen wir Gott in seinem Versteck? Benutzen wir Gott nur noch als Worthülse wie in »um Gottes willen«? Doch wir alle suchen nach Orientierung, Halt und Sinn. Das gilt in schwierigen wie in alltäglichen Lebenssituationen. Wir spüren: Nicht alles lässt sich erklären. Da muss es noch etwas geben, das darüber hinausweist. Damit beginnt unsere Suche nach Spuren Gottes in unserem Leben. Wir fragen: Woher komme ich? Was gibt mir Sinn und Halt im Leben? Wohin gehe ich? Diesen Fragen sollten wir uns immer wieder neu stellen.

Gott wahrnehmen in der Schöpfung

Worin liegt der Ursprung der Welt? Nach jüdisch-christlichem Verständnis im schöpferischen Handeln Gottes. »Die ganze Schöpfung ist die Schönschrift Gottes, und in seiner Schrift gibt es nicht ein sinnloses Zeichen«, meint Ernesto Cardenal, ein südamerikanischer Theologe und Dichter. Was immer auch geschah, die Erschaffung des »Bilderbuch Gottes« bleibt ein Geheimnis. Alles Geschaffene lädt uns ein, es mit allen Sinnen wahrzunehmen. Die Natur – ein Weg, um Gott zu erspüren oder gar zu erkennen?

Viele Menschen suchen in der Natur, beim Wandern oder Pilgern, Ruhe, Stille und Erholung. Sie lauschen dem plätschernden Bach oder den zwitschernden Vögeln, staunen über die Kraft des Baumes, betrachten das Werden des Weizenkorns von der Saat bis zum reifen Halm, genießen die Aussicht auf einem Berggipfel, einen Sonnenuntergang. Was immer man wahrnimmt, es bleibt nicht beim Sehen, Hören, Riechen oder Schmecken. Indem wir innehalten und verweilen, erkennen wir Gottes Wirken.

Eine Indianerfrau formuliert auf ihre Weise, wie sie Gottes Wirken spürt:

Woher wüssten wir, wie wir leben sollen,
wenn wir nicht an etwas glaubten,
das größer ist als wir?
Was würde uns lehren zu leben?

Wer sagt dem Baum, wann die Zeit kommt,
seine kleinen Blätter auszutreiben?
Wer sagt den Drosseln,
wann es warm geworden ist und
sie wieder in den Norden fliegen können?
Vögel und Bäume hören auf etwas,
das weiser ist als sie. (...)

Oft sitze ich allein, schaue die Lilien an (...)
und frage mich:
Wer hat euch gesagt,
dass es Zeit ist zu blühen?

Ich denke nach und denke nach
und immer komme ich auf dieselbe Antwort:
Das, was größer ist als wir,
lehrt alle Lebewesen, was sie tun sollen.

Wir sind wie die Blumen.
Wir leben und sterben
und aus uns selbst heraus wissen wir nichts.
Aber das, was größer ist als wir,
zeigt uns, wie wir leben sollen.
CHIPAROPAI

Gott in uns

»Du sollst dir von Gott kein Bild machen!« – so haben wir es gelernt. Dennoch leben wir von und in Vorstellungen, die wir uns von Gott machen. Er ist fern oder nah, oben oder unten, die Fülle, die Leere oder der Allmächtige, wir sprechen ihn mit einem vertraulichen »Du« an. Wir sind immer in Gefahr, Gott mit unseren eigenen Gottesbildern zu verwechseln. Daher kann es hilfreich sein, auch andere Gottesvorstellungen zu meditieren, zum Beispiel jene, die in der biblischen Formulierung aus dem Lukasevangelium steckt: »Das Reich Gottes ist in euch« (Lk 17,21). Gott ist in uns? Eine vielfach variierte Erzählung aus der orientalischen Tradition gibt dazu auf anschauliche Weise eine Antwort.

Als Gott die Welt erschaffen hatte, stellte er sich die Frage, wo er sich selbst, die Urkraft der Schöpfung, hinbegeben sollte, damit der Mensch ihn nicht immer als Alibi für seine zerstörerischen Taten benutzt. Vor allem aber, damit der Mensch lernt, seine Freiheit verantwortlich zu gebrauchen und seine Fähigkeiten zu entwickeln. Gott und seine himmlischen Wesen berieten sich. Ein Engel machte den Vorschlag, Gott könne auf den höchsten Berg gehen, um sich dort zu verstecken. Gott meinte: »Es wird nicht lange dauern, dann finden sie mich dort.« Der zweite Engel sagte: »Verstecke dich in der Tiefe des Meeres.« Doch Gott erwiderte: »Ich kenne die Menschen, sie werden mich finden.« Ein Dritter meinte: »Verstecke dich auf dem Mond oder einem der anderen Planeten.« Voll Zweifel antwortete Gott: »Sie werden mich finden.« Da meldete sich der Erzengel Michael: »Ich rate dir: Verstecke dich im Herzen jedes Menschen. Er wird niemals daran denken, dort nach dir zu suchen.« Gott antwortete: »Ja, das werde ich tun. Wenn sie mich dort finden, dann sind sie gereift und auch innerlich mir ähnlich geworden.«

Eine Kursteilnehmerin fasste einmal die Erkenntnis dieser Erzählung für sich in dem Satz zusammen: »Gott, du bist die Kraft, die in mir Verwandlung schafft. Ich danke dir.«

Spuren Gottes entdecken

Wenn ich achtsam auf Pilger- oder Wanderwegen unterwegs bin, begegne ich immer wieder den Spuren Gottes, sei es in der Natur, in anderen Menschen oder im Nachdenken über mich selbst. Dazu zwei Anregungen:

Als Pilger oder Wanderer sehe ich vor mir auf dem Weg zahlreiche Fußspuren von Menschen, die diesen Weg gegangen sind. Spuren im feinen Staub, auf weichem Waldboden oder feuchtem Untergrund, Spuren mit individuellem Muster, mit klarem oder abgenutztem Profil, manche neben-, über- oder hintereinander.

Was wäre, wenn diese Spuren erzählen könnten? Vielleicht würden sie berichten von Menschen und deren Sehnsüchten, Hoffnungen und Sorgen, von schweren Rucksäcken und inneren Belastungen, von müden Beinen, schmerzenden Blasen und körperlichen Grenzen, von zuhörenden Begleitern, ermutigenden Gesprächen, befreiendem Lachen, schweigendem Gehen.

Ihre Erzählungen wecken in mir Erinnerungen und ich frage nach den Spuren, die mein Leben prägten, zum Beispiel Menschen, schwierige Situationen, Verletzungen, Ermutigungen, Erfolge, Freundschaften, meine Beziehung zu Gott, nach Spuren, die mein Leben geprägt haben, und nach Spuren, an denen ich mich neu orientieren kann. Doch gleichzeitig wird mir wieder bewusst, Spuren sind vergänglich. So, wie die vor mir liegenden Spuren durch Wind, Regen oder Sonne vergehen, so sind auch meine Spuren vergänglich, die ich im Leben hinterlassen habe und noch hinterlassen werde. Für heute jedoch gilt: Ich folge den Spuren vor mir und ich hinterlasse Spuren auf dem Weg. Ich hoffe, mein Unterwegssein auf dem Pilgerweg des Lebens hinterlässt Spuren in mir, die meinem Leib, meiner Seele und meiner Beziehung zu Gott guttun.

Mit dem Wort »Gott« verbindet jeder Mensch unterschiedliche Erfahrungen und Bilder, doch er ist anders, als wir ihn uns vorstellen. Daher möchte die zweite Anregung mit einer Geschichte dazu ermutigen, in der Natur die Spuren Gottes zu erkennen:

Ein Gelehrter leitete eine Wüstenexpedition. Als die Sonne unterging, breiteten seine arabischen Führer ihre Teppiche aus, um zu beten. »Was machst du da?«, fragte der Gelehrte einen Araber. »Ich bete.« »Zu wem?« »Zu Allah.« »Hast du ihn jemals gesehen, betastet, gefühlt?« »Nein.« »Dann bist du ein Narr!« Am nächsten Morgen, als der Gelehrte aus seinem Zelt kroch, meinte er zu dem Araber: »Hier ist heute Nacht ein Kamel gewesen!« Da blitzte es in den Augen des Arabers und er fragte: »Hast du es gesehen, betastet, gefühlt?« »Nein.« »Dann bist du ein sonderbarer Gelehrter!« »Aber man sieht doch ringsum die Fußspuren!« Da ging die Sonne auf in all ihrer Pracht. Der Araber wies in ihre Richtung und sagte: »Da siehst du die Fußspuren Gottes!«

Nicht immer werden uns die Spuren Gottes so deutlich gezeigt wie in dieser Geschichte. Doch es gibt Zeiten und vielfältige Zeichen auf unserem Pilgerweg im Alltag, in denen wir sie erkennen können, sei es auf einem Berggipfel, an einem stillen See oder indem wir innehalten und uns über eine schöne Blume freuen, an einen starken Baum lehnen, die Ruhe am Waldrand oder in einer Kapelle genießen, wenn wir in zwischenmenschlichen Begegnungen Sorgen und Freude, Spielen und Lachen, Niederlage und Erfolg, Beten und Danken miteinander teilen.

Über die Menschen zu Gott – Jesus der Arzt

Es gibt zahlreiche Anlässe für die verschiedensten Medien und innerkirchliche Kritiker, auf die Mängel und den Reformstau in der katholischen Kirche hinzuweisen und notwendige Veränderungen zu fordern. Doch nach jahrelangen mühsamen und teils frustrierenden Diskussionen müssen wir uns fragen: Greift die oft berechtigte Kritik nicht zu kurz? Wäre damit die viel zitierte Krise der Kirche überwunden? Oder geht es um mehr? Sind Veränderungen vielleicht nur möglich, indem wir sie leben? Auf welcher Basis steht mein christlicher Glaube? Warum gehe ich nicht den naheliegenden Weg und orientiere mich am Lebensmodell Jesu?

Jesus sagt von sich nicht nur, er sei der Weg, sondern versteht sich auch als Arzt: »Nicht die Gesunden brauchen den Arzt, sondern die Kranken« (Mt 9,12). Als solcher richtet er kranke Menschen auf, ermutigt und heilt sie. Er ist ein Seelenarzt, der ihnen vorurteilslos begegnet und sie herausfordert zu erkennen, was sie tun müssen, damit ihr Leben gelingt. Jesus hat eine eigentlich ganz einfache Methode, Menschen auf diesen Heilungsweg zu bringen: mitgehen und miteinander essen.

»Geh mit!« sagt er zum Zöllner Matthäus und meint damit: Bleibe bei mir, ich biete dir meine Freundschaft an, bleibe in meiner Nähe. Es tut gut, wenn einer zu uns sagt: »Ich brauche dich – deine Fähigkeiten, deinen Rat, deine Hilfsbereitschaft.« Und so spüre ich, ich werde angenommen, ich darf sein, wie ich bin. »Geh mit!« sagt Jesus auch zu mir und meint damit: Ich brauche dich. Ich will Menschen, die ein menschliches und gottgefälliges Leben verwirklichen.

»Komm, iss mit!« sagt Jesus zu Zöllnern, Frauen und Schriftgelehrten und zeigt: Ich möchte mit dir am Tisch sitzen, mit dir Brot und Wein, Freuden und Sorgen teilen. Es tut gut und hilft, wenn wir erleben: Ich bin eingeladen, da hört mir einer zu und ist interessiert an meinen Fragen und Problemen. »Komm, iss mit!« sagt Jesus auch zu mir: Teile mit anderen in Gruppen, Gesprächen und Gottesdiensten dein Ohr, deine Fragen, dein Brot, dein Leben, damit das Reich Gottes unter euch wächst.

Aufeinander zugehen, miteinander reden, essen und teilen – ein Weg für uns, in Gottes Spuren zu leben?

Der Name Gottes ist Barmherzigkeit

Barmherzig zu handeln ist, neben Fasten und Beten, einer der Grundpfeiler christlichen Lebens. Alle drei sind freiwillige Werke, und es kommt darauf an, mit welcher Gesinnung wir sie leben. Papst Franziskus rückt in Predigten und durch vorbildliches Handeln den Weg der Barmherzigkeit ins Zentrum des christlichen Lebens, denn er ist der Überzeugung: »Der Name Gottes ist Barmherzigkeit«.

Barmherzigkeit heißt, das Herz für die Not zu öffnen. Gott liebt die Menschen und zeigt sich uns in ihrer Schwäche und Armut. Jesus hat mitten unter den Menschen diese barmherzige Liebe verkündet und vorgelebt in seiner Zuwendung zu den Leidenden, Ausgestoßenen und Armen.

Es gibt heute drei Arten von Not: eine materielle Not, die wir als Armut bezeichnen, eine moralische Not, das ist die innere Abhängigkeit in Form einer Sucht wie Alkohol, Drogen oder Glückspiel, eine spirituelle Not, in der wir uns von Gott entfernen und den Sinn des Lebens verfehlen. »Vergessen wir nicht, dass wahre Armut schmerzt. Almosen geben allein genügt nicht«, meint Papst Franziskus weiter. Verzicht zielt auf eine innere Umkehr und fordert uns heraus, Zeugnis zu geben von der Liebe Gottes zu den Menschen. Das kann sehr schmerzen, reinigt aber die Seele und weckt neues Leben bei allen Beteiligten. Dazu eine Geschichte von Anthony de Mello:

Die Gemeinde wunderte sich, dass ihr Rabbi jede Woche am Vorabend des Sabbats verschwand. Sie hatten ihn in Verdacht, sich heimlich mit dem Allmächtigen zu treffen, und beauftragten daher einen aus ihrer Mitte, ihm zu folgen.

Und das sah der Mann: Der Rabbi zog sich wie ein Bauer an und versorgte eine gelähmte, nichtjüdische Frau in ihrer Behausung, indem er putzte und ein Festtagsessen für sie vorbereitete.

Als der Spion zurückkam, fragte die Gemeinde: »Wohin ist der Rabbi gegangen? Fuhr er gen Himmel?« »Nein«, erwiderte der Mann, »er stieg noch höher.«

Wegkreuzungen und Kreuze

Als Wanderer oder Pilger komme ich manchmal an eine Wegkreuzung und finde keinen Wegweiser. Woran soll ich mich jetzt orientieren? Auch meine Karte hilft hier nicht weiter. Doch ich muss mich entscheiden.

Wie oft ging uns selbst das so in unserem Leben? Wie oft standen wir an einer Wegkreuzung ohne Wegweiser? Wie oft wurden unsere Lebenspläne durchkreuzt? Solche Kreuze tragen Namen: schwere Krankheit, Sinnverlust, Berufswechsel, Verlust durch Tod, Scheidung. Auch an diesen Kreuzungen muss ich mich entscheiden. Woran kann ich mich orientieren?

Manchmal steht an einer Wegkreuzung ein Kreuz. Es ist das christliche Symbol des Leidens und der Hoffnung, des Scheiterns und der Auferstehung. Im Schnittpunkt des Kreuzes treffen sich Horizontale und Vertikale, Höhe und Tiefe, rechte und linke Seite. Es ist daher ein Symbol der Begegnung und des Zusammenführens, des Vermittelns und der Mitte, aber auch des Auseinanderstrebens und damit der Entscheidung. Das Kreuz verbindet spannungsreiche Gegensätze zu einer Einheit und wird so zum Symbol des Menschen, der eingebunden ist zwischen oben und unten, rechts und links, Kopf und Füßen, Gefesseltsein und Freiheit, Geist und Körper, Geburt und Tod, Bewusstem und Unbewusstem. Es erinnert auch daran, dass sich Jesus vor allem den Menschen zuwandte, die »ihr Kreuz« zu tragen hatten, bis zum Tod am Kreuz. In ihnen weckte er neue Lebenshoffnung.

Das Symbol des Kreuzes regt uns an, unser Leben zu betrachten. Die Vertikale steht fest in der Erde und lädt uns ein zu fragen: Auf welchem festen Grund steht mein Leben? Und nach oben zu schauen und zu fragen: Was gibt mir Hoffnung, mein Leben neu auszurichten? Der horizontale Kreuzesbalken ist Zeichen der Offenheit und der Mitte. Er regt an zu fragen: Bin ich bereit, mich neuen Lebensmöglichkeiten zu öffnen? Was ist meine Mitte? Was gibt mir Hoffnung und Halt?

Erzähl mir von Gott

Der Mönchsvater Jogli-Katan lebte schon lange in der Wüste. Eines Tages kamen vier seiner Schüler und baten ihn: »Sage uns etwas über Gott!« Da entgegnete er: »Macht euch auf den Weg und fragt, den ihr unterwegs trefft.« Die vier machten sich auf und jeder ging seinen eigenen Weg. Gegen Abend kamen die ersten drei zurück und berichteten, was sie erlebt hatten.

Der Erste sprach: »Ich traf den ganzen Tag niemanden. So bat ich die Sonne: Erzähl mir von Gott. Da verfinsterte sich die Sonne und es wurde stockdunkle Nacht. Am Himmel erschienen die Sterne in all ihrer Pracht.«

Der Zweite sprach: »Auch ich traf niemanden auf meinem Weg. So bat ich die Wüste: Erzähl mir von Gott. Da spaltete sich der Fels, eine Quelle sprudelte hervor und die Wüste verwandelte sich in blühendes Land.«

Der Dritte sprach: »Da auch mir keine Menschenseele begegnete, bat ich einen Vogel: Erzähl mir von Gott. Da flog der Vogel davon und kehrte mit einem Ölzweig zurück.«

Die Sonne war lange untergegangen, als auch der Vierte heimkehrte und berichtete. Er sprach: »Ich traf sehr bald auf einen Hirten. Ich bat ihn: Erzähl mir von Gott. Da nahm mich der Hirte mit und wir suchten den ganzen Tag nach einem Schaf, das sich verirrt hatte.«

Jogli-Katan nickte zufrieden und schwieg. Er wusste: Besseres über Gott hätte auch er seinen Schülern nicht sagen können.

KLEMENS NODEWALD

Wozu bin ich auf Erden?

In einer Gesprächsrunde stellte ein Teilnehmer die Frage: »Glaubt ihr an ein Leben nach dem Tod?« Vielleicht, weil mir keine der üblichen theologischen Antworten weiterhalfen, erinnerte ich mich an die erste Frage im »Grünen Katechismus« meiner Kinderzeit: »Wozu sind wir auf Erden?« Diese Frage richtet den Fokus nicht auf das Leben nach dem Tod, sondern auf mein Leben hier und jetzt. Welchen Sinn gebe ich ihm und wie lebe ich ihn?

Jeder von uns wird seine persönliche Antwort suchen und finden. Eine mögliche Antwort gibt der Brückenbauer in der folgenden Geschichte von Anne Steinwart:

»Du hast einen schönen Beruf«, sagte das Kind zum alten Brückenbauer, »es muss sehr schwer sein, Brücken zu bauen.«

»Wenn man es gelernt hat, ist es leicht!«, sagte der alte Brückenbauer, »es ist leicht, Brücken aus Beton und Stahl zu bauen. Die anderen Brücken sind sehr viel schwieriger«, sagte er, »die baue ich in meinen Träumen.«

»Welche anderen Brücken?«, fragte das Kind.

Der alte Brückenbauer sah das Kind nachdenklich an. Er wusste nicht, ob es verstehen würde. Dann sagte er: »Ich möchte eine Brücke bauen von der Gegenwart in die Zukunft. Ich möchte eine Brücke bauen von einem zum anderen Menschen, von der Dunkelheit in das Licht, von der Traurigkeit zur Freude. Ich möchte eine Brücke bauen von Zeit in die Ewigkeit über alles Vergängliche hinweg.«

Das Kind hatte aufmerksam zugehört. Es hatte nicht alles verstanden, spürte aber, dass der alte Brückenbauer traurig war. Weil es ihn wieder froh machen wollte, sagte das Kind: »Ich schenke dir meine Brücke.« Und das Kind malte für den Brückenbauer einen Regenbogen.

Leben heißt: Nach dem Wozu zu fragen, nach Antworten zu suchen, aber auch Träume zu verwirklichen und in konkreten Situationen zu handeln, zum Beispiel im Alltag, um Brücken von Mensch zu Mensch zu bauen. Jesus von Nazaret hat uns das als einen Weg zu seinem Gott, den er Vater nannte, vorgelebt.

Brücken zu bauen um
zu neuen Ufern aufzubrechen
Gräben zu überschreiten
Vorurteile zu überwinden
aufeinander zuzugehen
Verschiedenheit zu akzeptieren
zu verbinden, was trennt

Brücken
des Vertrauens und der Versöhnung
der Hoffnung und der Zuversicht
des Miteinanders und der Liebe

PETER MÜLLER

Quellenverzeichnis

»*Du bist auf diesem Weg nicht allein* ...«, aus: Jörg Zink, Die goldene Schnur. Anleitung zu einem inneren Weg, Stuttgart 1999, S. 19

»*Rituale strukturieren den Tag* ...«, aus: Anselm Grün, 50 Rituale für das Leben, Freiburg 2008, S. 17

»*Gott – so sagen es uns die Kirchenväter – wird im Schweigen geboren* ...«, aus: Anselm Grün, Dein Licht schenkt uns Hoffnung. 24 Rituale für den Advent, Münsterschwarzach 2015, S. 92

»*Jim, wach auf* ...« aus: Anthony de Mello, Der springende Punkt, Freiburg 2011, S. 9f

»*Viele sind schon ausgezogen, die Verhältnisse zu ändern* ...«, aus: Anselm Grün/Jörg Zink, Die Wahrheit macht uns zu Freunden. Wie wir morgen als Christen miteinander leben wollen, Freiburg 2009

»*Anhalten*«, aus: Max Feigenwinter, Lass dir Zeit! © 2003 Verlag am Eschbach der Schwabenverlag AG, www.verlag-am-eschbach.de, Eschbach 1996, S. 6

»*Das unfassbare Wunder der biblischen Offenbarung* ...«, aus: Richard Rohr, Hoffnung und Achtsamkeit. Der spirituelle Weg für das 21. Jahrhundert, Freiburg 2011

»*Die Gemeinde wunderte sich* ...«, aus: Anthony de Mello, Was weiß der Frosch vom Ozean. Weisheit für Kopf und Herz. Übersetzt von Franz Johna © Verlag Herder GmbH, Freiburg i.Br. 2002, S. 126f

»*Der Mönchsvater Jogli-Katan ...*«, aus: Klemens Nodewald, Wenn die Freude Weitsprung übt. Texte und Gebete für Seele und Geist © Echter Verlag Würzburg 2005, S. 62f; Anfang etwas gekürzt und verändert durch den Autor
»*Du hast einen schönen Beruf ...*« © Anne Steinwart
Wolfgang Rieble, 100 Kurzansprachen. Treffsicher Impulse für Gottesdienst und Gemeindearbeit, Freiburg 2009; Hinweis: Die Begriffe »Träumer und Detektiv« (Seite 38) und die Idee »Instrumentenstimmer« (Seite 66) fand ich in dieser Sammlung.

Literatur: Spirituelle Wegbegleiter

Lechner, Abt Odilo/Nonhoff, Winfried, Wozu sind wir auf Erden? Die große Frage nach dem Sinn des Lebens, Münsterschwarzach 2016

Lechner, Abt Odilo, Das Leben ist ein Pilgerweg. Unterwegs zu sich selbst, München 2009

Müller, Peter, Meine Sehnsucht bekommt Füße. Ein spiritueller Pilgerführer, München 2009

Müller, Peter, Komm, wir pilgern, Dein Jakobus, Ostfildern 2014

Müller, Peter, Auf gutem Weg. 7x7 Pilgerkarten, Münsterschwarzach 2015

Müller, Peter, Die Seele geht am liebsten zu Fuß. Mein Pilgerbegleiter für zu Hause und unterwegs, Ostfildern 2016

Hinweis zur Entstehung der Texte

Die meisten Texte entstanden aus den Erfahrungen in meinen Kursen »Meinem Leben Richtung geben«, »Fasten als Energiequelle« und »Von der Weisheit und Kraft des Pilgerns« im Gästehaus der Abtei Münsterschwarzach und den zahlreichen Pilgerwanderungen mit Gruppen im Schwarzwald, auf der Schwäbischen Alb und in Spanien. Die dort formulierten Fragen und Erfahrungen sind auch die vieler Menschen, die nach Orientierung, Halt und Sinn in ihrem Leben suchen. Die meisten Texte wurden in den letzten drei bis vier Jahren in der Samstagsausgabe des Schwarzwälder Boten (Region Rottweil) unter »Orientierung – Impulse und Mitteilungen der Katholischen Kirchengemeinden Rottweils« im 14-tägigen Rhythmus veröffentlicht. Für die vorliegende Veröffentlichung wurden die Texte etwas bearbeitet und aktualisiert.

**Bibliographische Information
der Deutschen Nationalbibliothek**

Die Deutsche Nationalbibliothek verzeichnet diese Publikation in der Deutschen Nationalbibliographie. Detaillierte bibliographische Daten sind im Internet über http://dnb.d-nb.de abrufbar.

1. Auflage 2017
© Vier-Türme GmbH, Verlag, Münsterschwarzach 2017
Alle Rechte vorbehalten

Lektorat: Marlene Fritsch
Umschlagfoto: Fotolia.com/sky
Umschlaggestaltung: Dr. Matthias E. Gahr
Druck und Bindung: Finidr s.r.o., Český Těšín
ISBN 978-3-7365-0061-7
www.vier-tuerme-verlag.de